Henry Mittwer

Zauber der Blumen – Ritual der Schönheit

HERDER / SPEKTRUM

Band 5014

Das Buch

In unserer schwindelerregend schnellen, mechanischen Welt kann die subtile Schönheit der Zen-Blumen zur ästhetischen „Oase“ des Friedens und der Stille werden. Wer selber Blumen einfach und elegant zusammenstellen möchte, wird zunächst in die geistigen Hintergründe der Tee-Zeremonie und der Zen-Blumenkunst eingeführt und durch kurze Geschichten und Gedichte eingestimmt. Neben Prinzipien wie Harmonie, Achtung, Reinheit (des Herzens), Leere und Stille ist für die Tee-Blumen vor allem Achtsamkeit wichtig: Achtsamkeit für das Kleine und scheinbar Unbedeutende. Dabei gibt es für das Anordnen der Blumen keine festen Regeln; anders als bei den aufwendigeren und strengeren Ikebana-Richtungen wird auf alles übermäßig Künstliche verzichtet. Vielmehr gilt es, von der Natur zu lernen: Man soll von sich selbst absehen und die Blumen mit freiem Geist aufstellen, dann werden sie ihre Plätze wie von selbst einnehmen.
Mittwer zeigt, daß es gar nicht schwer ist, diese Prinzipien in die Praxis umzusetzen. Alle Blumenfreunde, die diese kostbare Schönheit für sich entdecken wollen, finden in diesem Buch – unter anderem auf vielen Schwarzweißabbildungen und zwölf Farbtafeln – zahlreiche konkrete Beispiele und viele praktische Hinweise: Welche Blumen zu welchem Monat passen, ob eine Pflanze für sich stehen kann oder wie sie in einer Komposition mit anderen Blumen besser zur Geltung kommt, in was für einer Art von Vase sie präsentiert werden sollte, wie sie länger frisch bleibt – zu diesen und vielen weiteren Fragen gibt dieser Band Aufschluß. Dieses Buch inspiriert dazu, im alltäglichen Wohnraum, sei es in Wohnzimmer, Küche oder Hauseingang, den Zauber der Blumen zur Entfaltung kommen zu lassen. So haben selbst die unscheinbarsten Blumen und Gräser ihren besonderen Charme, und wer sie mit dem Herzen anschaut, kann auch in einer eher schlichten Blumenkomposition das pulsierende Leben wahrnehmen und darüber hinaus ein tieferes Bewußtsein für sein eigenes Leben erlangen.

Der Autor

Henry Mittwer, Schüler des in die USA emigrierten Wandermönches Senzaki Nyogen, hat gut dreißig Jahre lang vor allem in Kyoto Zen studiert. Drei Jahre davon widmete er der Tee-Zeremonie und der Kunst der Tee-Blumen.

Henry Mittwer

Zauber der Blumen – Ritual der Schönheit

Ein Weg des Zen

Vorwort von Sen Soshitsu
Mit vielen Abbildungen und 12 Farbtafeln

Bilder von Takashi Nomura

Zeichnungen von Yoshiko Akai

Aus dem Englischen
von Bernardin Schellenberger

Herder
Freiburg · Basel · Wien

Die amerikanische Ausgabe erschien 1992 unter dem Titel:
Zen Flowers. Chabana for the Tea Ceremony

Gedruckt auf umweltfreundlichem,
chlorfrei gebleichtem Papier

Deutsche Erstausgabe

Verlag Herder Freiburg im Breisgau 1998
Satz: DTP-Studio Helmut Quilitz, Denzlingen
Herstellung: Freiburger Graphische Betriebe 1998
Umschlaggestaltung: Joseph Pölzelbauer
ISBN: 3-451-05014-5

Inhaltsverzeichnis

Verzeichnis der Abbildungen

Farbtafeln

Zeichnungen

Dieses Buch
ist dem verstorbenen Zen-Mönch
Senzaki Nyogen
in Verehrung gewidmet.
Er hat mir den Weg zu einem Leben
in Einfachheit gewiesen.

Danksagungen

Das Studium der Kunst der Teeblumen (Chabana) wurde mir dank der Großzügigkeit von Herrn Sen Soshitsu XV. der Urasenke-Schule für Chanoyu in Kyoto ermöglicht. Ich möchte mich hier aufrichtig bei ihm und allen an dieser Schule Lehrenden bedanken. Ihre Liebenswürdigkeit erschloß mir die Bedeutung des ästhetischen Ideals der Kunst der Teezeremonie (Chanoyu).

Obgleich ich in den Genuß des Privilegs kam, das Chabana unter sehr günstigen Umständen erlernen zu können, habe ich das Gefühl, nur einen Schimmer dieser ausdrucksvollen Kunst erfaßt zu haben. Das vorliegende Buch versucht nicht, alles erschöpfend zu behandeln, was zu diesem Thema gesagt werden kann. Doch schätzte ich mich bereits glücklich, würde es mir gelingen, beim Leser Interesse für die Kunst des Chabana zu wecken und der Blumenkunst dadurch einige neue Freunde zu schaffen.

Bei der Ausarbeitung dieses Buches haben mir zahlreiche Menschen ihre wertvolle Hilfe geleistet. Besonders dankbar bin ich Herrn Yamafuji Sozan, einem Mann, dessen lebenslange Hingabe an die Kunst des Chabana ihm den Ruf eingebracht hat, einer der hervorragendsten Künstler auf diesem Gebiet zu sein. Er hat freundlicherweise die zwölf Monats-Chabana arrangiert, die als Vorlage für unsere Illustrationen dienten; außerdem hat er mir viele wertvolle Informationen für den 2. Teil gegeben, wo es um die Blumen der einzelnen Jahreszeiten geht. Außerdem bedanke ich mich bei Frau W. H. Johnstone aus New York für ihre sorgfältige Durchsicht des Manuskripts; bei meiner Tochter, die als fähige Sekretärin mit nimmermüden Fingern dieses Werk ins reine geschrieben hat; und last not least bei meiner Frau, die über diesem Werk gewacht hat, als halte sie die ganze Zeit einen Schirm der gütigen Sorge über mich.

Vorwort

von Sen Soshitsu,
dem fünfzehnten Nachfahren von Sen Rikyu

Bis jetzt gibt es mit Ausnahme von Okakura Kakuzos ausgezeichneter Darstellung über die Verwendung von Blumen bei der Kunst des Chanoyu in seinem großartigen Book of Tea *so gut wie keine Literatur über dieses Thema. Meines Wissens ist diese vorliegende Darstellung das einzige englisch verfaßte Buch, das ausschließlich jener speziellen Form von Blumengestecken gewidmet ist, die man als Chabana bezeichnet.*

*Beim Chabana handelt es sich um eine Form des Blumensteckens, die im Teeraum (*chashitsu *genannt) für die Teilnehmer am* cha, *am Teetrinken, entstanden ist. Das Chabana dient nicht nur zur Dekoration, zur symbolischen Darstellung oder zum abstrakten Ausdruck des Selbst. Es bezieht sich auf eine der Predigten von Shakyamuni Buddha. Dazu möchte ich eine Begebenheit schildern, die sich vor 2500 Jahren zugetragen hat. Buddha nahm mit leichter Hand eine einzelne Blüte aus einem Korb voller Blumen, der ihm von einem seiner Zuhörer dargeboten worden war. Buddha hob die Blume sacht und schweigend vor der Menge empor. In der Versammlung war einer seiner Schüler, Mahakasyapa, der sanft lächelte, als er Buddhas Geste erfaßte.*

Beim Chabana muß es sich nicht unbedingt um ein Blumenarrangement mit einer aus dem Zen kommenden Botschaft handeln; aber in jedem Fall ist es ein Gesteck, das ein Geist zu schätzen weiß, der von den Zen-Prinzipien der Einfachheit und Direktheit geprägt ist.

Ganz treffend hat Herr Mittwer dem ersten Teil seines Buches die Überschrift „Leben mit Blumen" gegeben. Im gegenwärtigen Zeitalter der Umweltverschmutzung und Ausbeutung der Natur werden wir vom Streß und Wettbewerb in unserer Gesellschaft fast erdrückt. Desto wichtiger ist es, daß wir unserem Geist den Raum und die Zeit verschaffen, sich bei einer Schale Tee und schlichten Blumen erfrischen zu können. „Leben mit Blumen" bedeutet, ein Auge für Blumen zu haben und sie in sein Leben einzubeziehen und in einer Schale Tee wieder das Menschsein zu entdecken.

Die Kunst des Chabana blühte zusammen mit dem No-Spiel, der haiku-Dichtung, der sumi-*Malerei, der* karesansui-*Gartenkunst, der* raku-*Keramik und anderen wunderschönen japanischen Künsten und Handwerken in der alten Kulturstadt Kyoto. Die Kunst des Chabana gehört zum stolzen Erbe Japans, denn es handelt sich um eine Kunst, die alle nationalen und kulturellen Grenzen überschreitet.*

Kyoto, Japan

Erster Teil
Leben mit Blumen

1 Der Mensch und die Natur

Eine Wohnung mag noch so zweckmäßig und bequem eingerichtet sein, sie hat etwas Trauriges an sich, wenn sie mit Plastikblumen ausgestattet ist. Aber selbst da kann man noch den Grund erahnen, warum Menschen ihre Behausung mit diesen künstlichen Blumen verzieren: Sie wünschen sich etwas Schönes.

Die Liebe zu Blumen ist allen Menschen eigen. Das ist so, seit der Mensch sich vom Tier getrennt hat. Blumen sind so sehr ein Teil unserer selbst, daß wir uns ein Leben ganz ohne Blumen gar nicht vorstellen können. Von der Geburt bis zum Tod umgeben wir unser Dasein mit Blumen. Städte, Staaten und Länder haben eine bestimmte Blume zum Symbol. Wir geben unseren Kindern Blumennamen. Wir verwenden Blumen als Heilkräuter und als Nahrungsmittel. Wir zerschneiden und verstümmeln sie. Alle haben sie gern, aber oft werden sie schlecht behandelt.

Die Blumen auf dem Feld, die Blumen im Wald und sogar die namenlosen kleinen Blumen am Wegesrand, die niemand beachtet, haben uns etwas zu sagen. Ihr leises Geflüster verrät uns etwas vom tiefsten Sinn des Lebens. Der englische Dichter Wordsworth äußerte sinnend: „Mir kann das unscheinbarste Blümchen / Gedanken einflößen, die tiefer als alle Tränen gehen".

Der Mensch mag kühn über die Erde schreiten, aber auch er ist wie eine zarte Blume, höchst verletzlich, nur wenige Jahre lebend. Er mag zwar durch Verstehen und Mitleiden seine Einsamkeit lindern, aber keiner kann sein endgültiges Schicksal ändern, und niemand kann ihn bis ganz dorthin begleiten. Die vergängliche Welt vergeht wie ein Traum.

Betrachte die Lilien des Feldes:
Kurz nur ist ihre Blüte –
So sind auch wir. Ihnen gleich, schwinden wir hin
wie das Laub, das verdorrt.

CHRISTINA ROSSETTI

* * *

Die Jahreszeiten sind durch die Neigung der Rotationsachse der Erde bedingt. Der Wechsel der Jahreszeiten mit seinem gelegentlich rauhen Wetter mag mehr Last als Freude sein, aber die Menschen in den gemäßigten Klimazonen haben den Vorzug, ausdrücklicher den Rhythmus von Hoffnung und Freude zu erfahren, wie ihn diese klimatischen Schwankungen hervorrufen.

Bei Erich Fromm heißt es einmal: „Der Mensch hat das Paradies, das Einssein mit der Natur verloren und ist zum ewigen Wanderer geworden." Zwar mag der Mensch den Garten Eden verlassen haben und von der Natur fortgeschweift sein, aber immer noch ist er vom selben Drang wie die Naturelemente beseelt.

In Japan ist die Natur ein ganz wesentlicher Teil des Lebens. Ja, der Drang der Natur, wie ihn Japans Nationalreligion, der Shintoismus, zum Ausdruck bringt, hat immer so sehr das japanische Denken beherrscht, daß alle japanischen Kunstwerke ein Spiegel der Natur sind.

Da die japanische Kultur aus einer Ackerbaugesellschaft erwachsen ist, sind die Japaner Kinder des Bodens. Was sie an Religion und Kunst hervorgebracht haben, trägt deutlich die Spuren ihres fruchtbaren Ackerlands. Allerdings ist das Leben in Japan nicht einfach. Die Natur ist in Japan unberechenbar und voller Launen. Sie äußert sich in Erdbeben, Vulkanausbrüchen, sintflutartigen Regenfällen und gelegentlichen tropischen Taifunen. Daher wird sie als Spender und Träger des Lebens verehrt, als Vernichter des Lebens gefürchtet und wegen ihrer einfachen Schönheit geliebt.

Das Volk der Japaner hat in einer derart instabilen Umwelt voll Weisheit gelebt. Vom Konfuzianismus hat es Moral und Ethik gelernt; der Taoismus bot ihm ein erhabenes humanes Ethos; der Buddhismus half ihm zur Emanzipation; und der eingeborene Shintoismus verschmolz in aller Unschuld den Menschen mit der Natur. Die Künste und Handwerke Japans führen das einmalige Genie des Volkes anschaulich vor Augen, aus einer derart vielgestaltigen Gedankenwelt heraus fruchtbar leben zu können.

In der japanischen Blumenkunst werden Blumen dazu verwandt und arrangiert, die Natur zu verherrlichen. Das Wappenbild des Kaisers ist die Chrysantheme, die Kirschblüte ist das Symbol der Nation, und das Sinnbild der Frauen ist die rosa Nelke. In der Frühjahrszeit, wenn das Land von Kirschblüten übersät ist, werden aus landschaftlich reizvollen Stellen Plätze für Feste, die tage- und nächtelang andauern. Die Leute kommen mit Decken und Picknickkörben; sie trinken, singen und tanzen unter den üppig blühenden Kirschbäumen. Große und kleine Gesellschaften, gelegentlich von professionellen Geishas unterhalten, genießen einige der fröhlichsten Stunden des Jahres in der Pracht der Kirschblüten. Der Mönch Sengai (1750–1837) schildert in einem kurzen satirischen Gedicht humorvoll eine solche Szenerie:

> Mehr noch als unter den Blüten genießt man unter seiner Nase
> Die Wonnen einer Festgesellschaft zur Zeit der Kirschenblüten.

Die japanischen Wörter für Blüte und Nase, *hana*, werden gleich ausgesprochen. Man kann die Wonne „unter seiner Nase“ mittels Essen und Trinken finden, aber es ist auch eine köstliche Erfahrung, von den üppigen Kirschblüten betört zu werden.

Mit liebevoller Sorgfalt Blumen zu ziehen und sie in die Blüte kommen zu sehen, ist ein trostvolles Vergnügen. Menschen, die über „grüne Daumen“ verfügen, finden ihre Entspannung dabei, Blumen zu kultivieren, und sie sind außer sich vor Glück, wenn es ihnen gelingt, eine neue Sorte zu züchten. Entweder pflanzt und pflegt man seine Blumen in Gärten, oder man kauft sie in Töpfen, damit man auch in modernen Apartments hoch über der Erde seine Freude an ihnen haben kann.

Das ganze Jahr hindurch blühen um uns unzählige Blumen. Sie bringen in unser Alltagsleben Farbe und Duft. Die Leute binden sie zu Sträußen oder heften den Mädchen kleine Sträußchen an die Brust; aber selbst dann kann es sein, daß sie sie fast übersehen.

Ich frage mich, ob Menschen auch so treu sind.
Dieser Pflaumenbaum, den ich so gerne mag,
steht im Garten und ändert nie seinen Duft.
Jedes Jahr begrüßt er mich aufs neue.

KI NO TSURAYUKI

Alles wandelt sich in dieser Welt.
Nur die Blumen bleiben stets dieselben,
genau wie auch der Frühling aus dem vorigen Jahr.

RYOKAN

Blumen sind ein natürlicher Kalender. Sie wachsen und blühen getreulich je nach Jahreszeit und wiederholen ihren Zyklus Jahr um Jahr. Die Pflaumenblüten, die ihre zarten Knospen durch den Schnee herausschieben, zeigen das Neujahr nach dem Mondkalender an. Die gelbe Rose und der Kuckuck kündigen des Sommers Kommen an. Das Summen der Insekten im verwelkten Gras und das raschelnde Flüstern gefallener Blätter in einem kalten Windstoß machen uns auf das Vergehen der Zeit aufmerksam. Die rote Frucht der Dattelpflaume auf ihrem blätterlosen Baum zeigt das Nahen eines strengen Winters an.

Ein Fleckchen Staub enthält die ganze Erde.
Wenn eine Blume blüht,
hat die ganze Welt an ihrem Dasein teil.

(aus dem *Hekiganroku*)

2 Eine kurze Geschichte der Kunst des Ikebana

Die Kunst des Blumensteckens oder Ikebana wurde in Japan von den beiden Hauptreligionen des Landes, dem Shintoismus und dem später übernommenen Buddhismus, inspiriert. Außerdem gründet sie in der uns Menschen angeborenen Liebe für die bunten Blumen, die rings um uns blühen.

Beim ursprünglichen Shinto handelt es sich um eine Religion, der es um die Wege der Götter, *kami*, geht. Ihr ist der Glaube eigen, alle Dinge seien von einem ihnen innewohnenden Geist beseelt, sei es ein Stein oder ein Insekt, eine von Menschen verfertigte Maschine oder sogar der Stift, mit dem wir schreiben. Der Shintoismus kennt weder den moralischen Begriff der Sünde noch die Lehre von einem Leben nach dem Tod. Soweit er überhaupt eine Lehre besitzt, zielt diese auf Einfachheit, Echtheit und Frohnatur.

Die Beziehung des Shinto zur Blumenkunst steht außer Zweifel, genau wie es undenkbar ist, Menschen von ihren angestammten Religionen zu trennen, die typisch für ihr natürliches Temperament sind.

Von alters her, seit den Tagen, von denen der Mythos erzählt, damals seien Götter und Geister die Herrscher der Inseln gewesen, betrachtete das japanische Volk die Wälder mit ihrem dichten Baumwuchs als heilige Wohnsitze der Gottheiten, *kami*.

Auch heute noch kann man bei einer ganzen Anzahl überlieferter Bräuche und Feste deutlich sehen, welch tiefes Gefühl die Japaner der Natur und den in ihr wohnenden Geistern entgegenbringen. Besucht man ein Heiligtum, das den *kami* geweiht ist, findet man oft ganz in der Nähe einen uralten Zypressenbaum, um dessen Stamm weiße Papierstreifen gebunden sind. Diese Streifen bedeuten, daß dieser hohe und stolze Baum heilig ist – eine Personifizierung der *kami.* Im Shintoismus wird ein so herrlicher Berg wie der Fuji-Berg ebenfalls zum „Leib" der *kami,* und Tiere, die im Wald leben, werden zu heiligen Boten der *kami.*

Bevor man ein Haus baut, wird das Grundstück mit Stroh abgesperrt, und in seine Mitte wird ein mit weißen Papierstreifen geschmückter Zweig des heiligen Baums *sakaki (Cleyera japonica)* gesteckt. Sodann vollzieht der örtliche Shintopriester ein Ritual zur Vertreibung der bösen Geister und anschließend ein weiteres Ritual, mit dem auf diesen Ort der Segen der *kami* herabgefleht wird.

In Japan entstand der Tanz als Gabe an die *kami.* Bei Festen wurde er vor einer großen Kiefer aufgeführt. Vom selben Shinto-Brauch stammt es her, daß auf der Rückwand der No-Schauspielbühne eine riesige, eindrucksvolle Kiefer abgebildet zu werden pflegt. Das dient dabei nicht nur zur Dekoration, sondern bedeutet den Wohnsitz der *kami.*

Einen ähnlichen religiösen Brauch findet man beim Fest des Gion-Schreins in Kyoto, wo im Mittsommer alte und junge Bürger mehrere grandiose Festwagen durch die Straßen der Stadt ziehen. Auf jedem dieser Festwagen, die schon durch viele Generationen weitervererbt worden sind, steht ein hoher Mast, an dem Zweige eines heiligen Baums befestigt sind, um den Segen der *kami* zu erhalten. Dieses Fest wurde vor ungefähr 700 Jahren eingeführt, um eine Seuche abzuwehren, der Tausende zum Opfer gefallen waren.

Mit der Einführung des Buddhismus nach Japan im 6. Jahrhundert kam der Brauch auf, Blumen auf dem Altar des Buddha zu opfern. Eine Legende erzählt, als Shakyamuni Buddha zur Welt gekommen sei, hätten die Vögel himmlische Lieder gesungen, vom Himmel habe es süßen Tee geregnet und das Kind sei in duftende Feldblumen gebettet worden. Wahrscheinlich wurden wegen dieser Geburtslegende des Buddha im Buddhismus Blumenopfer üblich, ein in allen buddhistischen Ländern geübter Brauch. Frische Blumen gehören zusammen mit Kerzen und Weihrauch zu den drei wesentlichen Dingen, die man auf einen buddhistischen Altar stellt.

Im Honen-in, einem Tempel in Kyoto, den der Priester Honen vor rund 800 Jahren erbaut hat, wird alljährlich am Geburtstag des Shakyamuni Buddha eine wunderschöne Zeremonie abgehalten. An diesem Tag werden farbenprächtige Blütenblätter auf und um den Altar gestreut, während der Priester aus den erzählenden Schriften, den *Sutren*, vorsingt.

Alle buddhistischen Figuren, ob sie nun stehen oder sitzen, sind auf große Lotusblüten gesetzt. Lotusblüten aus goldbemaltem Metall oder Papier sieht man auch in Vasen zu beiden Seiten des Bildes. Das ist die ursprüngliche Form des Blumengestecks, die religiösen Zwecken diente.

Der Buddhismus gründet seine Lehren auf die Beobachtung, daß das Leben von vergänglicher Natur und alle existierenden Dinge von kurzlebigem Bestand sind. Er empfiehlt, sein Denken darauf zu richten, in eine immerwährende und unwandelbare Welt zu gelangen. „Das Leben ist bitter", lautet ein alter Grundsatz des Buddhisten. Alle existierenden Dinge sind vom Gesetz des *karma* beherrscht. Der Mensch steht zwischen Hölle und Himmel; hat er das richtige *karma*, so kann er die Buddhaschaft erlangen und ins *nirvana* eingehen.

Bei der Kunst des Blumensteckens ging es darum, die buddhistische Lehre auf kunstvolle Weise zu deuten und zum Ausdruck zu bringen, wobei ein zentraler, dominierender Zweig den Buddha darstellt. Diese Grundstruktur des Arrangements wird *rikka* genannt, was ein stehendes oder aufrechtes Blumengesteck bedeutet. Es wurde wegen seiner farbenkräftigen Darstellung der Lehre des Buddhismus sehr beliebt.

Ikenobo, der buddhistische Priester des Rokkaku-do, eines beliebten, ursprünglich an einem See im Zentrum von Kyoto gelegenen Tempels, war einer der talentiertesten Blumenkünstler der Ashikaga-Zeit (1338–1573). Er schmückte den Altar seines Tempels mit kunstvollen Blumengestecken, die auf buddhistischen Vorstellungen beruhten, was die Besucher immer wieder verblüffte. Viele heutige Schulen des Blumenstellens leiten sich von Ikenobo her.

Die Liebe der Japaner zu den Blumen und ihr Gespür für die Natur kann man an den vielen uns überlieferten Gedichten aus der Zeit vor 1200 Jahren erkennen, als die Hauptstadt in Nara in Blüte stand. Im *Manyoshu*, einer Anthologie alter Gedichte, die 4516 Verse enthält, handelt ungefähr ein Drittel von Blumen, Bäumen oder anderen botanischen Gewächsen. Umgeben von einer großartigen Natur, brachten die Menschen damals ihre Empfindungen in poetischer Form zum Ausdruck. Diese Empfindungen, zusammen mit der shintoistischen Praxis, immergrüne Zweige des heiligen Baums zu stecken, verschmolzen mit der Tradition der farbenprächtigen buddhistischen Blumenopfer. Das Ergebnis war der Impuls zur Schaffung der weltlichen Kunstform des Blumensteckens, das man als Ikebana bezeichnet.

Vor der Entwicklung des beliebten *rikka*-Stils des Blumensteckens war das Fest von Tanabata, ein altüberlieferter alljährlicher Brauch, eine Veranstaltung, die die Kunst des Blumensteckens als allgemeinere Ausdrucksform beeinflußte. Die aus China stammende Feier von Tanabata wird jeweils am siebten Tag des siebten Monats zu Ehren von zwei Sternen, Altair und Wega, gehalten. Diese beiden Sterne stellen den Hirtenjungen und das Webermädchen dar, die sich ineinander verliebten, aber getrennt wurden, weil sie ihre Arbeit vernachlässigt hatten. Sie wohnen auf den zwei gegenüberliegenden Seiten des „Großen Himmelsflusses", der Milchstraße, und dürfen sich nur einmal im Jahr, in der siebten Nacht des siebten Monats, treffen.

In Japan wurde dieses Fest von Tanabata mit buddhistischen und shintoistischen Festen verschmolzen und zu einer Feier, die man als „Tröstung des Geistes der *kami* und des Buddha" bezeichnen könnte. Diese Verschmelzung bot eine weitere Gelegenheit zu festlichem Vergnügen. Ein August-Fest der Tanabata wurde 1399 vom dritten Shogun der Muromachi-Regierung, Ashikaga Yoshimitsu (1358–1408), gefeiert. Er veranstaltete beim Tanabata-Festmahl in seinem neuerbauten Goldenen Pavillon einen Wettbewerb im Blumenstecken, wozu er viele Vasen aus seiner vielgerühmten Sammlung chinesischen Porzellans verwendete. Das war ein epochemachendes Ereignis für die Entwicklung der beliebten Kunst des Blumensteckens.

Bei der Feier dieses Festes ist es heutzutage Brauch, die Zweige eines frisch gefällten Bambusbaums mit bunten Wimpeln und Papierstreifen zu schmücken, auf denen Gedichte und Wünsche stehen. Der Baum wird dann vor dem Haus aufgestellt und den beiden Liebenden am Himmel zugewandt. Dieses naive legendäre Fest gehört zu den beliebtesten dichterischen Vergnügungen von Kindern wie Erwachsenen.

Ein weiterer Anlaß, bei dem die Japaner ihre Liebe zu den Blumen und zur Natur besonders deutlich zum Ausdruck bringen können, ist das friedliche Herbstfest des Mondes. Zu diesem Fest wird ein Tischchen auf einem dem Mond zugewandten Balkon aufgestellt. Darauf steht eine Vase mit Pampasgras, einer den Herbst darstellenden Blume und anderen darum gesteckten bunten Blumen. Sodann werden dem Geist des Mondes Kuchen und Wein dargeboten. Viele Menschen verbringen bei dieser Gelegenheit einen Abend zusammen mit dem Mond. Sie genießen ein *Chanoyu* und üben sich im Verfassen von Gedichten.

3 Die Kunst des Cha: Chanoyu

Die Japaner kennen eine stilvolle Art, ihre Mußestunden zu verbringen. Sie besteht darin, daß einige Gleichgesinnte sich in einem kleinen, ländlichen Gartenhaus treffen, gemeinsam einen als *cha* bezeichneten besonderen Tee trinken und einige ruhige Stunden damit verbringen, die schönen Künste, die Natur und die Poesie des Lebens zu genießen.

Die Gäste reinigen sich zunächst im Garten mit „reinem" Wasser Hände und Mund, um symbolisch ihren Körper und Geist zu läutern. Hierauf betreten sie den *Chashitsu* genannten Raum durch eine niedrige Eingangstür. Der Gastgeber kommt aus einer anderen Tür von der Küche her hinzu. Nachdem man sich gegenseitig begrüßt hat, reicht er ein Mahl, auf das der *cha* folgt, der vor den Augen der Gäste zubereitet wird. Dabei werden pulverisierte grüne Blätter der Pflanze *Thea sinensis* („Chinatee") in heißes Wasser gegeben und mit einem Bambus-Schneebesen schaumig geschlagen. Die Zubereitung von *cha* wird in ritualisierter Form vollzogen, als handle es sich um das Brauen eines Lebenselixiers.

Ist der Tee serviert, so tauschen Gastgeber und Gäste Kommentare darüber aus und bringen ihre Bewunderung der schönen und kunstvollen *cha*-Utensilien zum Ausdruck, des Raumschmucks, des Blumengestecks, der an der Wand hängenden Schriftrolle, des Gartens und der Jahreszeit.

Die innere Einstellung von Gastgeber und Gästen bei diesem friedvollen poetischen Zeitvertreib kommt im Begriff des *ichigo-ichie* zum Ausdruck. Wörtlich übersetzt heißt *ichigo-ichie* „eine Zeit – ein Zusammenkommen", und es will sagen: diese Gelegenheit, miteinander *cha* zu trinken, kommt vielleicht nie wieder –

und deshalb sollten wir dieses Ereignis nie mißachten, indem wir es für eine belanglose Veranstaltung halten.

Die ganze lange Geschichte der japanischen Kultur hindurch hat dieser Brauch des *cha*-Trinkens das künstlerische und spirituelle Bewußtsein der Menschen aller Bevölkerungsschichten gehoben. Viele Künstler, zum Beispiel Lackmaler, Töpfer, Weber und Metallkunsthandwerker waren besonders am *Chanoyu* interessiert, denn sie sind beim *cha*-Trinken in ihrem Element, wenn der Gastgeber bei der Zubereitung des *cha* seine kostbaren Kunstwerke ausbreitet.

Sen Rikyu (1522–1591), der als Vater der gegenwärtigen Form der Teezeremonie gilt, hat die Grundprinzipien dafür auf vier Begriffe gebracht: *wa, kei, sei* und *jaku*. Der Zen-Mönch Senzaki Nyogen (ca. 1879–1958) hat den Geist des *Chanoyu* beredt folgendermaßen gedeutet:

Wa ist Harmonie und steht für die Zärtlichkeit, das Gefühl der Güte. *Kei* ist Respekt und betont die Demut, das scharfe Bewußtsein der eigenen Unzulänglichkeit, das zur Dankbarkeit für die Güte der Welt gegenüber denen, die das gar nicht verdient haben, führt sowie zum bewußten dankbaren Schätzen aller ihrer Gaben. *Sei* ist Lauterkeit und bedeutet alles Schöne und Erfrischende, Klare und Unvoreingenommene. Das vierte Wort, *jaku*, bedeutet Friede und Alleinsein, aber nicht nur Ruhe, sondern zugleich einen Geist der Poesie, also das Gefühl, das man empfindet, wenn man zarte Gegenstände sieht, Stille verspürt, voll und ganz befriedigt, entspannt und ungestört ist. Der genau Sinn von *jaku* läßt sich ohne ein Gespür für Zen und ohne das Verkosten von *cha* nicht erfassen…

Das *Chashitsu*, in dem das *Chanoyu* abgehalten wird, ist oft an das Hauptgebäude des Hauses angebaut. Es gibt auch freistehende *Chashitsu*, die in einem abgesonderten Teil des Gartens inmitten von Gebüsch stehen. Im letzteren Fall ist das freistehende Gebäude mit dem Haupthaus durch Trittsteine in natürlicher Form verbunden. Gestalt und genaue Beschaffenheit des Materials sind bei jedem *Chashitsu* verschieden. Manche haben Stroh-, andere Ziegeldächer, aber die Eingangspforte ist immer im selben Stil gehalten. Der Eingang zu einem *Chashitsu* ist nämlich so niedrig, daß man auf die Knie gehen und den Kopf tief beugen muß, um durchzukommen. Jeder, der von Angesicht zu Angesicht die Schönheit sehen will, muß sich also selbst klein machen und seinen Kopf beugen, um durch diese Öffnung in den Raum zu gelangen. Diese Geste bedeutet, daß man seine soziale Stellung und seinen Ruf abstreift. Zur Blütezeit der stolzen Samurai mußte der Krieger sein Schwert auf einem Regal beim Eingang des *Chashitsu* ablegen, obwohl es seine „Seele" und sein Statussymbol war, und so wurde sehr deutlich: Hier innen regieren einzig Harmonie, gegenseitige Hochachtung, Lauterkeit und Stille.

Zu den für die Zubereitung von *cha* erforderlichen Utensilien gehört die Schale mit der Bezeichnung *chawan*, aus der man den *cha* trinkt. Sie bringt das Wesen der Kunst des *Chanoyu* am sinnfälligsten zum Ausdruck. Es handelt sich um ein großes henkelloses Gefäß, das man in beiden Handflächen hält. Obwohl es gewöhnlich ziemlich groß ist, wird nur eine kleine Menge von schäumendem *cha* hineingegeben, die man mit drei Schlucken trinken kann. Das Gefühl des *cha*-Trinkens aus dieser *chawan* gleicht demjenigen, das man hat, wenn man auf einer Bergwanderung mit hohlen Händen Wasser aus einer Bergquelle trinkt – ein Gefühl, das einen ganz durchströmt und den gesamten Körper erquickt.

Das *Chashitsu* ist wie eine Oase in unserer schwindelerregenden, verwirrenden Welt. Der Tee des *Chanoyu* ist ein Trank, der die durstige, ausgetrocknete Seele des Menschen erfrischt. Beim *Chashitsu* verschmelzen das Aroma des Weihrauchs, das Berühren der wunderschönen, schlichten *cha*-Utensilien und der Anblick des *Chabana*, also Sinnliches und Spirituelles, zu einer neuen Dimension von unendlicher Größe.

4 Die Samurai, der Cha, das Zen und Chabana

Aus Berichten wissen wir, daß der *cha* bei den Japanern bereits im 8. Jahrhundert bekannt war. Die Entwicklung zur heutigen Form des *cha*-Trinkens als unverzichtbare Gewohnheit setzte allerdings erst ein, als 1191 der Mönch Eisai (1141–1215) aus China zurückkehrte. Zur damaligen Zeit gehörte das Ritual des *cha*-Trinkens zu den täglichen festen Übungen der Klöster in China. Eisai übernahm dieses Ritual und machte mit dem medizinischen Wert von *cha* Bekanntschaft, als er dort den Zen-Buddhismus der Rinzai-Schule erlernte. Bei seiner Rückkehr nach Japan brachte er einige *cha*-Samen mit. Er besaß die genaue Kenntnis, wie man *cha* zubereitet, und weckte damit die Aufmerksamkeit des Shogun Minamoto Sanetomo (1192–1219), der das Land von seiner Hauptstadt in Kamakura aus regierte.

Eisai zog mit seiner Zen-Lehre den stolzen und gebieterischen Herrscher und seine Anhänger an, deren Leben Tag und Nacht in Gefahr war. Als der Shogun Sanetomo eines Tages an einer chronischen Krankheit und Katzenjammer litt, bat er Eisai um ein Gebet für seine Heilung. Statt des Gebets überreichte ihm Eisai eine Schale mit starkem *cha* zusammen mit einem Buch über dessen Heilkraft. Von vielen Samurai-Schülern des Zen wurde der *cha* bald als angenehmes Getränk übernommen; sie stellten fest, daß es sie während der strengen Zen-Übungen wach und gesund erhielt. Schließlich wurde *cha* zu ihrem Lieblingsgetränk.

Nach dem Niedergang der Kamakura-Herrschaft kam in Kyoto Ashikaga Takauji (1305–1358) an die Macht. In der mit Takauji einsetzende Ära der Ashikaga von 1336 bis 1573 folgten fünfzehn Herrscher aufeinander. Zur Belebung der Wirtschaft des neuerrichteten Reiches schickte Takauji Handelsschiffe nach China, von wo in großen Mengen Kunstgegenstände importiert wurden.

Sein zweiter Nachfolger, Shogun Ashikaga Yoshimitsu, baute den *Kinkaku* (Goldenen Pavillon) für sein Landhaus im nördlichen Teil von Kyoto, und zwar in einer Zeit, in der das kulturelle Leben der „Nördlichen Hügel" einschließlich des großen Tanabata-Festes in großer Blüte stand. Jener Kulturabschnitt, der maßgeblich zur Entwicklung des *Chanoyu* und zur Kunst des Blumensteckens beitrug, ist als die *Higashiyama Bunka*, die „Kultur der Östlichen Hügel", bekannt. Diese Kultur entstand zur Zeit von Yoshimasa (1434–1490), dem achten in der Herrscherreihe der Ashikaga.

Yoshimasa war ein Intellektueller, dessen Interessen mehr der Kunst als politischen Dingen zugewandt waren. Mit 30 Jahren beschloß der kinderlose Herrscher, abzudanken und seinen jüngeren Bruder als neunten Ashikaga-Herrscher einzusetzen. Doch das Schicksal schien gegen Yoshimasa gerichtet zu sein, denn es kam zu einer komplizierten politischen Situation, als ihm seine Frau im darauffolgenden Jahr (1465) doch noch einen Sohn gebar. In der Zwischenzeit hatten sich obendrein die Streitigkeiten zwischen zwei nahe gelegenen rivalisierenden Clans zugespitzt, und Kyoto wurde zum Ort der Austragung der Fehde. Dieser Bürgerkrieg, bekannt als Onin-Krieg, dauerte ab 1467 zehn Jahre lang, ohne daß eine der beiden Seiten die Oberhand gewonnen hätte. Die Hauptstadt wurde verwüstet und die blühende „Stadt der Blumen" in Schutt und Asche gelegt.

Im Dezember 1473 setzte Yoshimasa seinen einzigen Sohn, Yoshihisa, zu seinem Nachfolger ein und zog sich in die Hügel östlich der Hauptstadt zurück. Dort baute er den *Ginkaku* (Silbernen Palast), der im Stil dem *Kinkaku* seines Vorfahren ähnelte. Yoshimasa wollte die Wände mit Blattsilber belegen lassen im Unterschied zum mit Blattgold verzierten Pavillon seines Vorfahren, aber wegen des Krieges war das nicht möglich. Er verlebte seine letzten acht Jahre im nie vollendeten Landhaus, das bis heute nur dem Namen nach das „silberne" ist.

Immerhin ist es interessant, daß nach Yoshimasas ästhetischem

Empfinden Silber dem Gold nicht unterlegen war. Ja, es scheint, ihm gefiel vor allem die Wirkung des oxydierten Silbers, das in seiner Einfachheit von nüchterner Schönheit ist.

Für einen Menschen mit Yoshimasas sensibler Natur war der Umstand, in derart schwierigen Zeiten als Erbe einer aristokratischen Samuraifamilie geboren zu sein, vermutlich persönlich ein Unglück. Doch die Epoche, in der er lebte, erfuhr einen von religiösen Ideen inspirierten kulturellen Neuaufbruch, ja eine Renaissance der japanischen Zivilisation. Es dauerte zwar ein weiteres halbes Jahrhundert voller interner Kämpfe, aber dennoch reiften ständig viele wunderschöne Kunstformen heran. Der Onin-Krieg und die neu sich entfaltenden kulturellen Aktivitäten der östlichen Hügel wurden zum Wendepunkt in der Kulturgeschichte Japans. Yoshimasa starb am 7. Januar 1490 mit 55 Jahren und hinterließ ein ästhetisches Erbe, das gerade zur Blüte ansetzte.

Yoshimasa hatte mehrere Kammerherren, *dobo* genannt, von denen eine ganze Reihe Träger berühmter Namen waren, wie etwa Noami, Zeami, Soami und Ritsuami. Mit ihnen zusammen ordnete und katalogisierte Yoshimasa seine Sammlung von Kunstgegenständen einschließlich Schriftrollen, Vasen, *chawan*, Chaire (schmale Lack- oder Keramikkästchen mit Deckel für den pulverisierten *cha*) und verzeichnete sie in einem Buch namens *Kundaikan so choki*, das eine interessante Dokumentation der japanischen Innendekoration dieser Epoche darstellt. Was heute noch aus der in diesem Buch verzeichneten Sammlung übrig ist, ist weit verstreut. Manche Stücke gehören Museen und Sammlern, andere wurden in nachfolgenden Kriegen zerstört. Die Einteilung von Yoshimasas Sammlungen in die drei Kategorien *shin, gyo und so* beeinflußte, wie wir noch sehen werden, die Kunst des *Chanoyu*.

Während Yoshimasa in seiner Zuflucht in den Bergen ein relativ abgeschottetes Leben führte, streiften hilflose Bürger voller Angst und Unrast durch die Straßen von Kyoto. Viele neutrale und unschuldige Menschen verließen die Stadt und fanden in Nachbarstädten Zuflucht. Doch gab es auch Menschen, die die Grausamkeiten und das Elend des Onin-Krieges voll miterlebten und durchstanden, wie etwa der Zen-Mönch Ikkyu Sojun (1394–1481), der Künstlermönch Sesshu (1420–1506), der Dichter Shinkei (1399–1475), der buddhistische Priester Murata Shuko (1422–1502) sowie Ikenobo Sen'o (1483–1543).

Ohne Rücksicht auf Gewinn oder Verlust widmeten sie sich dem kreativen Tun. Sesshu trat über das Medium Pinsel und Tinte mit dem Unbekannten in Verbindung. Shinkei brachte das Leben in den wenigen Silben jedes seiner Gedichte zum Ausdruck, und Ikenobo steckte aus der Fülle seines Selbst heraus Blumen. Für Shuko enthielt seine Schale *cha* das gesamte Universum. Okakura Kakuzo (1862–1913) sagt in seinem *Buch vom Tee*:

> Im flüssigen Bernstein aus dem elfenbeinernen Porzellan kann der Eingeweihte an die süße Verschwiegenheit des Konfuzius rühren, an die Geistesschärfe des Laotse und das ätherische Aroma des Shakyamuni selbst.

Derweil entwickelte in Yoshimasas Haushalt Noami, der Meister der *cha*-Zeremonie des früheren Shoguns, die weltliche, aber aristokratische Form des nach strenger Etikette verlaufenden *cha*-Trinkens. Es fand zur Unterhaltung der Aristokraten und der adligen Samurai in einem Wohnraum statt, und man verwandte dazu kunstvolle chinesische Utensilien. Noami hatte einen fähigen Schüler namens Murata Shuko, der unter Noami verschiedene Künste wie die des *cha* und der Weihrauchzeremonien erlernte und gleichzeitig auch den Zen-Mönch Ikkyu Sojun vom Daitokuji-Tempel in Kyoto zum spirituellen Lehrmeister hatte. Dieser Schüler harmonisierte später Noamis *shoin*-Stil des *Chanoyu* mit den Zen-Prinzipien der Kargheit und Beschränkung, und diese neue Form wurde als *wabi*-Eremitagen-*Chanoyu* bekannt.

Das Leben des Zen-Mönchs, wie es sich in Shukos Teezeremonie spiegelt, ist sehr schlicht. Seine tägliche Nahrung besteht aus eingelegten Rettichen und Gerstenschleim und hat ihn gegenüber den Widrigkeiten der Natur gleichgültig werden lassen. Die reservierte Haltung des Mönchs allen weltlichen Dingen gegenüber wirkt auf Intellektuelle anziehend. In Friedenszeiten scheinen die Menschen stärker den Hang zu künstlichen Dingen zu haben; werden wir mit tragischen Dingen und dem Tod konfrontiert, so suchen wir nach dem Wahren und Echten. Der Mönch Ikkyu Sojun, ein großer spiritueller Meister während der schwer geprüften Ashikaga-Zeit, scheint mit ernsthaften Besuchern wie Shuko, die sich auf das Geheimnis des Zen einlassen wollten, voll ausgelastet gewesen zu sein.

Während der Zeit, als sich Shuko unter Ikkyus persönlicher Anleitung ins Zen vertiefte, erhielt er von diesem eine kalligraphisch gestaltete Schriftrolle von Yuan-wu, einem berühmten chinesischen Mönch (1063–1135), und zwar als Bestätigung, daß er das Zen erfaßt habe. Shuko ließ diese Schriftrolle in seinem bescheidenen Raum aufhängen und brachte vor ihr Weihrauch, Kerzenlicht und frische Blumen dar. Außerdem bereitete er eine Schale *cha* und trank sie mit anderen in der Gegenwart des Geistes von Yuan-wu.

Vom Zen inspiriert, begann Murata Shuko immer mehr Gefallen am *cha*-Trinken in einer kleinen, friedvollen Eremitage zu finden, die bar alles extravaganten Schmucks war, und benützte dazu aus China stammende Utensilien. Bald begann er, in seine tägliche *chawan*-Übung japanische Alltagsgegenstände und andere Gegenstände des *Chanoyu* einzuführen, wodurch er ins *cha*-Trinken ein kreatives Element einbrachte und die Freude daran noch steigerte. Für sein Eremitagen-*Chanoyu* verwendete er am liebsten ein einfaches Blumengesteck – ein Ikebana nach dem ästhetischen Geschmack des Zen.

Parallel zur Entwicklung der kunstvollen und stilisierten *rikka*-Form des Blumenarrangements im Geist der Philosophie des Buddhismus (siehe Seite 23) entstand ein schlichterer Stil des Blumenstellens namens *nageire*. Genaue Berichte über den Ursprung dieses Stils sind nicht zu finden; doch war es schon seit dem 12. Jahrhundert beliebt, Blumen in einer Vase oder Flasche aufzustellen, ohne daß es dafür genaue Regeln gab; man tat es aus reiner Freude daran. Wörtlich übersetzt heißt *nageire* „hineingeworfen“, was deutlich aussagt, daß es dabei kein festes Muster wie beim *rikka* gibt. Die ursprüngliche Praxis des *nageire* bestand darin, Blumen in eine Hängevase zu stecken, um eine weiche, fließende Linie zu schaffen – im Gegensatz zum formalen und starren *rikka*-Stil.

Die frühe Form des *Chabana*, die Murata Shuko und andere frühere Liebhaber des *cha* verwendeten, war das *nageire*-Blumengesteck mit seiner relativen Freiheit und Einfachheit. Später teilte sich der *nageire*-Stil in zwei Strömungen auf: einerseits einen Stil namens *seika* und andererseits *Chabana*.

Seika heißt „wahre Blume“ oder mit anderen Worten: ein Blumengesteck in der korrekten Form. Dieser *seika*-Stil wurde von Stadtleuten entwickelt, die weder Samurai noch Aristokraten waren. Sie wollten ein Blumengesteck für ihre Wohnzimmer, aber die *rikka* war dafür zu groß und kompliziert. Daher schufen sie die *seika*-Form, ein vom *nageire* abgeleitetes Arrangement, das sie dem formalen Muster des *rikka*-Stils anpaßten. Anders als das *nageire*, das dazu neigte, zu informell und unordentlich zu sein, entsprach der neugeschaffene *seika*-Stil, der in seiner Formalität und Würde dem *rikka*-Stil glich, genau ihren Bedürfnissen. So waren der *rikka*- und der *seika*-Stil des Ikebana gerade das Richtige für große Salons, buddhistische Altäre oder gewöhnliche Wohnräume.

Die andere Strömung, die sich zum *Chabana* entwickelte, blieb ihrer Form nach näher beim ursprünglichen *nageire* und wurde im *chashitsu* beibehalten. Doch später wurde es seiner Form nach noch mehr vereinfacht und auf eine direktere Technik gebracht.

Um die Vorstellung, die hinter der Kunst des *wabi*-Eremitagen-*Chanoyu* und dem als *Chabana* bezeichneten Blumengesteck, das beim *Chanoyu*-Treffen verwendet wird, besser verstehen zu können, ist es notwendig, sich etwas genauer mit dem Geist der Menschen zu befassen, die sich dem Leben des *wabi* zuwandten, sowie den Sinn dieses Wortes zu erörtern.

5 Ein Leben in Stil des Wabi

Die Menschen wenden der Gesellschaft dann den Rücken, wenn ihre Lebensbedingungen mit ihrem Temperament und ihren Idealen unvereinbar werden. Viele empfindsame Menschen haben sich zurückgezogen und ein einsames, einsiedlerähnliches Leben im Sinne von *wabi* geführt. Im alten Japan gab es viele, die dem Vorbild der alten chinesischen taoistischen Weisen folgten und ein Leben in Armut wählten, entweder weil ihre Umgebung unerträglich geworden war oder weil sie zu viele Enttäuschungen erlebt hatten.

Wenn solche empfindsame Menschen mit den Geistern und Göttern der Natur zusammenleben, finden sie auch heute noch ein neues, sinnvolles Leben fern der weltlichen Gesellschaft. Die Vögel und Insekten, Bäume und Blumen, Berge und Flüsse sind ihre Freunde.

Man nennt sie *inja* – Menschen, die ihr Leben im Schatten der Gesellschaft verbringen. Ein anderer japanischer Ausdruck für sie ist *hijiri*, was „erleuchtete Abgesonderte" bedeutet. Zu den Persönlichkeiten, die in Japan als *hijiri* geschichtliche Größe erlangt haben, gehören Yoshida Kenko (1282–1350), der Verfasser der Aufsatzsammlung *Tsurezuregusa* und die Dichter Kamo no Chomei (1153–1216), Saigyo (1118–1190) und Matsuo Basho (1644–1697), unsterbliche Japaner, die auch heute noch als Vorbilder spiritueller Fülle betrachtet werden. Auch Murata Shuko und der Shogun Ashikaga Yoshimasa gehören in diese Kategorie. Yoshimasa lebte zwar in seinem Haus, dem Silbernen Pavillon, aber in seinem Herzen war er ein *hijiri*. In der Geschichte des Chanoyu gilt er als der erste, der die Lebensweise als *hijiri* verwirklicht hat – das Leben des *wabi* –, ohne dabei seinen Reichtum aufzugeben.

Der Begriff *wabi* wird in der japanischen Kunst und Literatur oft verwendet, um damit ein bestimmtes Gefühl, eine Haltung oder ein Verhalten des Menschen zum Ausdruck zu bringen. Er läßt sich auch auf jeden Gegenstand anwenden, sei es ein Haus oder eine Teetasse, um dessen eigentümliche Qualität zu beschreiben. Im Wörterbuch wird *wabi* definiert als Zustand der Leere, der Stille, der Armut und der Einsamkeit. Es ist der Gegenbegriff zu Wunschbefriedigung, Erfüllung, Tätigsein und Luxus.

Es ist schwierig, in seine Lebenseinstellung und Kunst Traurigkeit, Einsamkeit und Kälte als konstruktive Werte und hohe Ideale zu übernehmen. Für unser gewöhnliches Schönheitsempfinden scheint der Sinn von *wabi* etwas Negatives zu sein. Er läßt sogar an eine nihilistische Einstellung und ein desolates Leben denken. Daher ist es wichtig zu wissen, daß der emotionale Urquell von *wabi* das Empfinden des Erbarmens ist. Es wird als *mono-no-aware* bezeichnet, was man übersetzen könnte als das eindringliche Lebensgefühl, das dadurch hervorgerufen wird, daß man den Menschen als unberechenbares, selbstsüchtiges Wesen erlebt und die Schönheit der Welt als fließend und vergänglich.

Kamo no Chomei spricht in seinem 1212 geschriebenen Buch *Hojoki* beredt von der kurzlebigen Natur der Blumen und des menschlichen Lebens:

> Unablässig fließt der Fluß, nie ist es dasselbe Wasser: Blasen auf den flachen Wellen … kaum sind sie geschwunden, tauchen neue auf, bleiben wiederum nur kurze Zeit. Genauso sind die Menschen dieser Welt samt ihren Häusern – gestern geboren, morgen sterbend. Wie Blasen sind sie, treibend auf dem flachen Wasser. Ihre Häuser, um die sich ihre Herzen sorgen, sind nur flüchtige Herbergen. Sie sind wie der Tau im Morgenglanz. Mag der Tau auch fallen und die Blume bleiben – in der Morgensonne muß er schwinden. Oder die Blume welkt schon, indes der Tau noch liegt. Ein wenig mag er bleiben, aber bis zum Abend kann er keineswegs verharren…

Hojoki bedeutet „Aufzeichnungen aus zehn Quadratfuß" und bezieht sich auf die Größe von Chomeis Hütte. Die Vortragsräume von Zen-Tempeln tragen ebenfalls die Bezeichnung *hojo* oder „zehn Quadratfuß"; sie verdanken sie der Legende von Yuima, dem hervorragenden Nachfolger des Buddha. Von Yuima wird erzählt, als er krank gewesen sei, hätten ihn zehntausend Mönche besucht. Aus irgendeinem geheimnisvollen Grund hätten sie alle auf einmal in seine zehn Quadratfuß große Einsiedlerhütte gepaßt. Infolge dieser Legende ist auch das beliebteste *chashitsu* für *Chanoyu*-Treffen zehn Fuß im Quadrat groß.

Sen Rikyu, jener hervorragenden Gestalt der Kunst des *cha* im 16. Jahrhundert (siehe S. 26), wird das Verdienst zugeschrieben, das *Chanoyu* mit dem ästhetischen Geschmack des *wabi* verknüpft zu haben. Er wies seine Anhänger an:

> Ein großes Haus und schmackhafte Nahrung – das ist Sache der Welt. Ein Haus ist gut genug, wenn sein Dach dicht ist; die Nahrung genügt, wenn sie den Hunger stillt. Das ist die Lehre des Buddha und der wahre Sinn des *Chanoyu*. Schöpfe Wasser, hole Feuerholz, koche das Wasser und bereite *cha*. Biete ihn dem Buddha an, dann deinem Nächsten, und dann gönne dir selbst eine Schale. Opfere Blumen und brenne Weihrauch. Dies alles ist der Kern der Religion, und das sollte man erlernen.

Wenn Rikyu die Einfachheit des Hauses und der Nahrung, also der materiellen Aspekte des Lebens, betont, so ist das mit Yuimas kleinem Raum vergleichbar, den infolge der geheimnisvollen Kraft des Yuima alle zehntausend Mönche zu betreten vermochten. Der *hojo* eines Zen-Tempels, in dem die Wahrheit des Zen gelehrt wird, ist genauso. In der einfachen *wabi*-Einsiedelei, wo das *Chanoyu*-Treffen abgehalten wird, sind unendlich viele kreative Tätigkeiten möglich.

Von Takeno Jo-o (1504–1555), der zusammen mit Rikyu das *Chanoyu* vervollkommnet hat, wird erzählt, er habe seine Gedanken über *wabi* zum Ausdruck gebracht, indem er eine Strophe von Fujiwara Teika (1162–1241), einem Aristokraten-Dichter, zitierte:

> Eine Schilfhütte an der Bucht.
> Weder Blumen noch rotfarbenes Laub
> sieht man irgendwo an diesem Abend im Herbst.

Farbenfrohe Blumen und rotgefärbte Blätter finden alle Menschen schön; aber die Schönheit von *wabi* braucht alle diese Farben nicht. Die Szene der obigen Strophe ist nicht nur ohne Blumen, sondern auch sonst kahl und einsam: sie zeigt nur eine einfache Schilfhütte an einem Strand. Die stille Zwielichtstunde des Herbstes verstärkt das Gefühl der Einsamkeit und Armut bis ins Elend. Jo-o sah diese einsame, spirituelle Armut, aber er erkannte auch, daß tief in diesem geradezu jämmerlichen Zustand eine Schönheit liegt, die rein und immerwährend ist.

Sen Rikyu spürte, daß Jo-os Sinn für *wabi* hervorragend war, und er fand sein Zitat der Strophe Teikas, um damit seinen ästhetischen Geschmack zu beschreiben, sehr ansprechend. Doch für Rikyu fehlte dieser Strophe das Leben. Sie sah keinen Raum für ein Mittun des Menschen vor, und folglich fehlte ihr das kreative Moment. Rikyu brachte sein Empfinden für *wabi* deshalb mit dem Zitieren der folgenden Strophe von Fujiwara Ietaka (1158–1237) zum Ausdruck:

> Jemand, der nur wartet, die Blumen blühen zu sehen –
> zeig ihm das Frühlingsgras unterm Schnee
> vor seinem Landhaus.

Diese Strophe zeichnet kein ganz so verlassenes Bild wie die erste. In der Sehnsucht danach, daß bunte Blumen blühen und eine eintönige Welt schmücken, kommt die Hoffnung des Menschen zum Ausdruck. Indes verweist Rikyu nur auf die Keime des grünen Grases im Schnee und will uns damit sagen: Die Kunst des *wabi* scheint äußerlich wenig attraktiv zu sein, aber unter dieser platten, schmucklosen Oberfläche ist Leben und Potenz.

Das Gefühl des *wabi* wird am deutlichsten im Monat Oktober, meinte Jo-o, und er zitierte dazu einen weiteren Vers von Teika:

> Oktober! Das ist die Zeit, in der die Welt frei wird vom Trug:
> Wer kann diese Zwielichtstunde des Lebens mit Falschheit färben?

Der Oktober ist ein kühler Monat, doch nach den heißen Sommertagen eine wunderbare Jahreszeit. Zugleich ist er aber auch die Zeit, in der der rauhe Winter beginnt. Für Jo-o besteht die *wabi*-Lebensart darin, in Ehrfurcht, Klugheit und Bescheidenheit zu leben und aufrichtigen, stillen Gemütes zu sein. Ohne farbenprächtige Blumen oder grüne Blätter weckt die Atmosphäre des Spätherbstes in uns ein Gefühl für das Pathos des Lebens, das frei von Täuschung ist.

Der Dichter Shinkei hat gesagt, die wahre Schönheit einer Blume könne man erst empfinden, wenn sie gefallen sei oder den Gipfel ihrer Blüte überschritten habe. Murata Shuko äußerte im selben Sinn, der Mond an einem wolkenlosen Abendhimmel sei ohne Interesse. Blumen in voller Blüte oder der hellscheinende Mond an einem wolkenlosen Himmel entbehren der Poesie, haben kein Leben, das das Herz des Menschen rührt. Basho, der Haiku-Dichter aus dem 17. Jahrhundert, war ebenfalls der Ansicht: „Die Wahrheit des *wabi* kommt in den Gedichten von Saigyo zum Ausdruck, ...den Gemälden von Sesshu und in Rikyus *Chanoyu.*" Er pries die erlesenen Intellektuellen, die auf ihren jeweiligen Gebieten die Tiefe der Ästhetik des *wabi* aufgezeigt hatten: Saigyo war ein heimatloser Bettelmönch; Sesshu ist auf der ganzen Welt berühmt für seine eindrucksvolle Arbeit mit Pinsel und dicker schwarzer Tinte.

Die Tuschebilder Sesshus mit lavierter Tinte und der trockene Felsengarten des Ryoanji-Tempels sind bar allen Glanzes und aller Verehrung. Sie sind kalt und trocken, aber von tiefer, stiller Reinheit.

Die Schönheit des *wabi* entspricht nicht der volkstümlichen Vorstellung von Schönheit. Sie ist wie die Reisschale eines koreanischen Bauern aus dem 15. Jahrhundert, die von den *Chanoyu*-Begeisterten so gepriesen wird. Diese Schale ist gerade so groß, daß sie eine Portion Reisbrei faßt; sie wurde weder als Kunstgegenstand angefertigt, noch sollte sie Kunden betören.

Murata Shuko hatte in der Nähe des heutigen Bahnhofs von Kyoto eine kleine *cha*-Klause, die ziemlich der zehn Quadratfuß großen Behausung von Kamo no Chomei glich. Von Shogun Ashikaga Yoshimasa wird erzählt, er habe diese schlichte Wohnung oft besucht, um mit Shuko eine von ihm bereitete Schale *cha* zu trinken. Shuko verband mit seinem Verständnis des Zen das ästhetische Ideal des *wabi* mit dem *Chanoyu*, und so schuf er einen erleuchteten Stil des Blumenstellens namens *Chabana*.

6 Der Geist des Chabana

Im Unterschied zu den Werken anderer Künste und Handwerke lassen sich Blumengestecke nicht erhalten oder aufbewahren. Es handelt sich bei ihnen um lebende Kunstwerke, die schon bald nach ihrer Erschaffung verwelken, also um sehr hinfällige Schönheiten. Zunächst weiß man nicht recht, wie man Blumen im ästhetischen Stil des *wabi* arrangieren soll, denn dafür gibt es keine festen Regeln wie bei den anderen Schulen der Blumenkunst. Wenn man in der Kunst des Ikebana ausgebildet worden ist, kann diese Kenntnis sogar eher ein Hindernis als eine Hilfe für das Blumenstecken des Chabana sein.

Man könnte das Chabana, eine der Kunstformen des *wabi*, als eine ästhetische Ausdrucksform des Zen-Buddhismus bezeichnen. Der Geist, der das Blumenstellen im Chabana beseelt, bewegt sich im Bereich des intuitiven Verstehens. Ein Zenmeister pflegte zu sagen: „Gar nichts ist verborgen; alles ist klar wie das Tageslicht."

Sen Rikyu äußerte: „Die Blumen (Chabana) sollten stehen wie im freien Feld." Wordsworth sagte in *The Table Turned:* „Komm heraus ins Licht der Dinge; laß die Natur dein Lehrer sein." Der Mensch muß von der Natur lernen, denn die Natur ist immer wahr und echt. Sie mag gnadenlos sein, aber sie lügt oder täuscht nie. Doch müssen wir nicht nur die Natur zum Lehrer nehmen; wir müssen zu ihrer Erde zurückkehren und mit allen Göttern und Geistern der Welt in Einklang leben.

Eine wichtige Voraussetzung für das Chabana-Stecken ist, daß man aufrichtig und lauter ist. Man darf nicht versuchen, eine Pseudo-Schönheit zu erschaffen, indem man verlangt, die Blumen sollten sich nach dem eigenen Wunsch verhalten. Tatsächlich kommt der individuelle Charakter desjenigen, der die Blumen stellt, unvermeidlich in seinem Gesteck zum Vorschein; aber das Chabana ist etwas ganz anderes als eine ichsüchtige Selbstdarstellung.

Das Chabana sollte frei und natürlich vor sich gehen, was jedoch nicht heißt, daß es disziplinlos und zufällig oder als verantwortungsloser Ausdruck einer willkürlichen Deutung unternommen werden sollte. Chabana ist ein Bemühen um das Leben des *wabi*, weshalb zu seinem poetischen Ausdruck ein feines Gespür für das Leben und die Fülle des Empfindens wichtig sind. Stellen Sie die Blumen in vollkommener Selbstlosigkeit, so daß Ihr Geist ganz frei seine Aktivität entfalten kann. Dann nehmen die Blumen wie von allein ihren Platz ein, ganz mühelos. Diese unbefleckte und lautere Natürlichkeit des Chabana wirkt ganz kunstlos und strahlt gerade dadurch etwas von der poetischen Ästhetik des Lebens wider.

Eine Vase voller Blumen ist in jedem Raum eine zierende Ausstattung. Doch kann sie auch als Kunstwerk ausgestellt werden oder eine kahle Stelle mit Farbtupfern versehen. Das Chabana allerdings kann man nicht in dieser Absicht verwenden. Zunächst wirkt das Chabana dafür zu platt und einfach; es ist zu unaufwendig und unaufdringlich. Es ist derart unscheinbar, daß seine zerbrechliche Schönheit untergeht, wenn man nicht bewußt darüber meditiert und es in eine ihm angemessene Umgebung versetzt. Wenn man das Chabana, ein Gesteck aus einfachen, stillen Blumen, das im *chashitsu* entstanden ist, in unsere heutige Lebensart einbezieht, kommt alles darauf an, daß man die eigene Empfindsamkeit auf seine Form und seinen subtilen Geist abstimmt.

In der traditionellen japanischen Wohnung gibt es eine Nische mit der Bezeichnung *tokonoma*, die in die Nordwand eingelassen ist, gewöhnlich im Hauptwohnraum. Diese Ausbuchtung ist nach volkstümlichem Verständnis ein Raum, der dem Aufhängen von Schriftrollen und dem Aufstellen von Ikebana oder anderen Kunstwerken vorbehalten ist. Er hat die Bedeutung eines religiösen Altars und ist der spirituelle Brennpunkt des Hausbewohners und des Hauses selbst.

Die Farbe der Wände der Nische, vor denen das Chabana aufgestellt wird, ist neutral, ein helles Erdbraun oder Grau. In die Decke ist ein Haken eingelassen, von dem an einer Kette eine Vase in Form eines Bootes oder in einer anderen Form herabhängt; und an einem der Eckpfeiler befindet sich ein weiterer Haken, um daran eine andere Art von Vase aufzuhängen; auf den Boden dieser heiligen Nische können andere Gefäße oder Körbe gestellt sein.

Um unseren Geist zu wecken, ist gewöhnlich noch an der Wand der Nische begleitend zum Chabana eine Schriftrolle befestigt. Traditionellerweise trägt diese Schriftrolle eine Kalligraphie – oft ein Zen-Rätselwort –, die mit Pinsel und Tinte von einem Zenmeister verfertigt ist, bei dem es sich vielleicht um den geschätzten spirituellen Lehrer des Hauseigentümers handelt. Doch kann die Schriftrolle auch die philosophische Ermahnung eines alten Weisen enthalten oder ein der Jahreszeit entsprechendes Gedicht. Farbige Abbildungen von Blumen oder Landschaften, die von dem dezenten Chabana ablenken, sich mit ihm nicht vertragen oder es erdrücken, werden vermieden.

An Gefäßen für das Chabana gibt es drei Typen und drei Arten. Bei den drei Typen handelt es sich um Vasen, die auf den Boden der Nische gestellt werden, Vasen, die mit einem Haken an die Wand oder einen Pfosten gehängt werden, und Vasen, die an einer Kette von der Decke hängen. Bei den drei Arten von Vasen handelt es sich um die *shin*, die aus Bronze und chinesischem oder anderem Porzellan bestehen; die *gyo* aus lasiertem Ton sowie die *so* aus unglasiertem oder halbglasiertem Ton und Korbgeflecht (siehe S. 31). Gefäße aus einem Stück Bambusstamm werden entweder als *gyo* oder *so* eingestuft. Die Vasen für das Chabana sollten ohne Verzierung oder Zeichnung sein.

Beim Ikebana werden die Gestecke auf kunstvolle Ständer und Podeste gestellt. Für das Chabana dagegen werden nur drei verschiedene Sorten einfacher, flacher Bretter verwendet: das *shin*-Brett, das schwarz lackiert ist und dessen Kanten in V-Form abgeschrägt sind; das *gyo*-Brett, das ebenfalls lackiert ist, dessen Kanten spitz auf einen Punkt zulaufen, und das *so*-Brett aus unbearbeitetem Zedern- oder Paulownia-Holz. Das Zedernholz ist gewöhnlich geflämmt, um die Maserung herauszuholen. Wenn es verwendet wird, besprengt man das unbehandelte Brett mit Wasser, damit es frisch und kühl wirkt. Es gibt auch ein rundes Brett mit spitz zulaufenden Kanten, das als *so*-Sorte eingestuft wird. Korbgefäße erfordern kein Brett, denn hierbei werden die Blumen in ein Wassergefäß aus Bambus gesteckt, das man dann in den Korb setzt, so daß dieser als seine Unterlage dient.

Diese Einteilung der Gefäße und Bretter wurde von den Anhängern des Chanoyu im Lauf der langen Geschichte dieser Kunst entwickelt, wobei sie ihm den Bestandskatalolg *Kundaikan so choki* des Ashikaga Yoshimara zugrundelegten. Sie wurde zum Maßstab für die Auswahl der angemessensten Kombinationen von Vasen und Brettern. Doch letztlich entscheidet der kreative Sinn des einzelnen Blumensteckers über die Wahl von Vase und Unterlage.

Historisch gesehen, handelt es sich beim Chabana um einen speziellen Typ von Blumengestecken, die von *Chanoyu*-Begeisterten aus Liebe zur Natur und poetischen Erleuchtung der Menschheit im *chashitsu* entwickelt wurden. Im Idealfall sollte darum das Chabana, unmittelbar bevor die Gäste den Raum betreten, gesteckt werden, damit es sich ihnen in seiner ganzen Schönheit darbieten kann, wenn noch glitzernde Tautropfen sein graziles Leben verzieren. Ist das *Chanoyu*-Treffen zu Ende oder sind die Besucher gegangen, sollte man das Chabana wieder auseinandernehmen, die Vase in den Schrank zurückstellen und die Nische leer lassen. Am Chabana kann man sich zweifellos mit oder ohne Besucher erfreuen, aber es ist unschön, die verwelkten, verblaßten Blumen immer noch in der Vase zu haben. Viele *Chanoyu*-Jünger haben sogar in einer Ecke ihres Hinterhofs eine Art Grablege eingerichtet, in der sie die Blumen mit geziemender Ehrfurcht und Dankbarkeit beisetzen können.

Wenn Sie Chabana stecken, wählen Sie zunächst Blumen der Jahreszeit oder solche, die für den Anlaß passen. Sortieren Sie sorgfältig die Stengel oder Zweige aus, und schneiden Sie nur so viel Material, wie Sie brauchen. Waschen und säubern Sie die Blätter, um allen Schmutz zu entfernen, und lassen Sie sie ganz im Wasser, bis Sie sie brauchen. Hängen Sie die Schriftrolle ehrerbietig in der Nische auf, legen Sie das passende Brett auf den Boden der Nische, und setzen Sie darauf die Vase. Holen Sie die Blumen auf einem großen Tablett herein, zusammen mit einer Schere, und setzen Sie sich vor die Nische mit dem Tablett neben sich. Entspannen Sie einige Minuten lang in der Meditation Ihren Geist. Atmen Sie dabei langsam und tief und betrachten Sie die Schriftrolle.

Zu diesem Zeitpunkt sind einige Richtlinien angebracht. Dabei gilt es lediglich, fest an drei Punkte zu denken:

1. Haben Sie ein hohes, flaschenähnliches Gefäß, so stellen Sie Baumzweige und grasige Blumen in vertikaler Haltung eng an den Rand der Vase. Bei einem weiten Behälter oder einem solchen mit breitem Mund kann man die Blumen nach außen gerichtet stecken und ziemlich kurz abschneiden.
2. An der Vasenöffnung lassen Sie die Stengel kahl. Entfernen Sie fast alle Blätter, die nahe an der Vase sind, und lassen Sie nie eines aus dem Vasenmund herausstehen. Ist nämlich diese Stelle unnötig dicht, so wirkt das Chabana schwer und düster.
3. Verwenden Sie die Blumen immer in ungerader Zahl; zum Beispiel eine, drei, fünf, sieben oder – wenn die Vase weit ist – vielleicht neun. Rikyu weist darauf hin, daß man in einem kleinen Raum nur eine oder zwei Blumen in einer Vase verwenden sollte. Zwei Blumen sind erlaubt, aber alle anderen geraden Zahlen sind zu vermeiden.

Anders als bei der Technik der Ikebana-Schule, wo verschiedene Stützen und Halterungen zur Befestigung der Blumen und Baumzweige verwendet werden, steckt man beim Chabana die Blumen einfach in die Vase. In manchen besonderen Fällen, etwa wenn die Form der Vase es unmöglich macht, die Blumen fest zu halten, kann man zur Stütze ein Zweigstück in den Mund der Vase spannen. Dann lehnt man die Stengel an den Vasenrand oder das Zweigstück, einen um den anderen, und so kann man sie in die gewünschte Stellung bringen.

Das Chabana sollte man direkt in der Nische stecken, um die beste Balance zu erreichen und die genaue Harmonie mit dem Raum der Nische herzustellen. Man kann sich damit auch seinen Schreibtisch, die Küche oder den Hauseingang schmücken. Wenn Sie mit Stecken fertig sind, sprühen Sie immer einen Nebel frischen, kalten Wassers über die Blumen, um ihnen einen Schimmer Lebendigkeit zu verleihen.

Während des kalten Winters, wo die Nächte lang sind, laden viele *cha*-Eingeweihte ihre Bekannten zu einer *Chanoyu*-Abendpartie ein.

In früherer Zeit wurden für Abendeinladungen keine Blumen im *cha*-Raum verwendet, weil es schwierig war, ihre Schönheit im Licht einer flackernden Öllampe gebührend schätzen zu können. Ein Gesteck in einem schwach erleuchteten Raum wirft im übrigen einen zauberhaften Schatten an die Wand.

Doch seit Einführung der Elektrizität werden jetzt zur Bequemlichkeit beschäftigter Menschen *Chanoyu*-Abendtreffen bei heller Beleuchtung abgehalten. Es wäre töricht, diesbezüglich bei den Regeln und Vorstellungen früherer Zeiten stehenzubleiben, vor allem, wenn die Gesellschaft groß ist. Aber wenn Zeit und Ort es gestatten, gibt es nichts Schöneres, als sich des *cha* mit einer zarten weißen Blume in einem stillen Raum, der nur von einer schwachen Öllampe erhellt wird, zu erfreuen. In einer solchen Umgebung wird man am ehesten vom poetischen Geist des *Chanoyu* erfaßt.

* * *

Eine der Freuden, die das Chabana erschließt, ist das Suchen und Finden von passenden oder überraschenden Blumen. Es ist eine Form erleuchteter Romantik, wenn man sich aus der unendlichen Pflanzenvielfalt der botanischen Welt seine Blumen heraussucht und auswählt und sie mit einem poesieerfüllten Herzen steckt, das sich vom ästhetischen Geschmack des *cha* nähren läßt. Das Chabana ist aus ganz elementaren Dingen zusammengesetzt, und der Betrachter kann frei und spontan darauf eingehen und die innere Freude der poetischen Erfahrung des Künstlers teilen.

Zweiter Teil
Blumen und Jahreszeiten

Jede Jahreszeit hat ihre eigenen Blumen, die sich zum Chabana eignen. Nur wenige von ihnen sollen hier vorgestellt werden, und es handelt sich dabei um solche, die in Japan vorkommen. Ähnliche Blumen derselben Gattung finden sich in anderen Teilen der Welt, je nachdem, wie die klimatischen Bedingungen dort sind.

Die Leser seien ermutigt, für ihr Chabana Blumen auszuwählen, die in ihrer eigenen Gegend heimisch sind. Doch sollte man grelle und merkwürdig aussehende Blumen vermeiden; allerdings können gelegentlich auffallende Blumen, wenn man sie spärlich verwendet, einen recht wirkungsvollen Effekt erzielen. Im allgemeinen aber machen solche Blumen einen extravaganten und aufdringlichen Eindruck und führen beim Betrachter zu unnötig starken Emotionen, was ganz gegen den Geist des *wabi* ist.

Es sei noch angemerkt, daß hier der Ausdruck „Blumen" unterschiedslos für die Bezeichnung wirklicher Blumen, Baumzweige oder Gräser verwendet wird. Er gilt also als Sammelbegriff für alles, was man beim Stecken des Chabana verwendet.

Wie bereits weiter oben erwähnt, besteht mit Ausnahme des Falls von korbähnlichen Gefäßen, in die man locker mehrere grasartige Blumen stellen kann, das Chabana nur aus zwei verschiedenen Blumenarten in einer Vase. Bei diesem Arrangement von zwei Blumen kann man die Haupt- und die Nebenblume voneinander unterscheiden. Die letztere nennt man *nejime*. Diese *nejime* ist kurz und wird eng an den Vasenmund gesteckt. Sie gibt dem Charakter des Chabana seine besondere Note. Obwohl sie bei der Komposition in der untergeordneten Stellung ist, spielt die *nejime* dadurch eine genauso wichtige Rolle wie die Hauptblume. Dafür, wie vollkommen das Chabana gelingt, kann sehr wohl der Einsatz der richtigen *nejime* entscheidend sein.

Manche der Bezeichnungen der Blumen auf den folgenden Seiten mögen westlichen Ohren unvertraut sein. In Fällen, wo es keinen allgemein üblichen westlichen Namen dafür gibt, wird der übersetzte japanische Name verwendet.*

---

* Anm. d. Ü.: Im Original dieses Buches findet sich im Anhang eine dreispaltige Liste der englischen – japanischen – lateinischen Pflanzennamen. Für die deutsche Fassung wurde es vorgezogen, alle im Deutschen gebräuchlichen Namen zu ermitteln und ihnen immer gleich ihre wissenschaftliche lateinische Benennung beizugeben. In vier Fällen war ein deutscher Name absolut nicht zu finden, so daß der englische belassen wurde; in einem dieser Fälle fehlte auch die lateinische Bezeichnung.

Das Frühjahr

Das Frühjahr ist am stärksten, wenn der Morgen dämmert.
Nach und nach öffnet sich die Nacht
und die Ränder der Berge werden licht
an der Kante, wo der Himmel an sie rührt.
Mein Herz fühlt sich hingezogen
zu den purpurfarb'nen dünnen Wolken,
die am matten frühen Himmel schweben.

Sei Shonagon*

Das neue Jahr des Mondkalenders beginnt ungefähr einen Monat später als das des bürgerlichen Kalenders, also im Frühjahr – im natürlichen Zyklus der Erde zu der Zeit, in der wieder das Leben anfängt.

Frühling ist dann, wenn die warme Sonne den Schnee schmilzt und den leblosen Winter auftaut. Es ist die Zeit, in der Gräser und Bäume ihre jungen grünen Blätter knospen und sprießen lassen. Die Blumen beginnen zu blühen. Es ist die Zeit der Auferstehung; neues Leben bricht auf, und alles in der Natur fängt mit frischer Energie an. Auch der Mensch spürt neue Lebenskräfte in sich und fühlt sich wieder neu.

Die zerbrechliche Pflaumenblüte geht schon auf, wenn der Schnee noch auf ihren Zweigen liegt; dann fängt die üppige Kirsche zu blühen an; hierauf die Glyzinie, die elegante Iris, und so fort. Vom Frühling bis zum Sommer ist die Fülle der Blumen und der frischen, grünen Blätter der Bäume ein Fest für die Augen.

---

* Die einleitenden Gedichte zu jeder Jahreszeit sind alle dem *Pillow Book* (Makura-no-Soshi, „Kopfkissenbuch") von Sei Shonagon (964 – ca. 1000) entnommen.

Februar

In Ostasien fängt laut Kalender im Februar der Frühling an. Doch ist die Luft noch kalt, und manchmal merkt man das gar nicht. Blumen für das Chabana gibt es erst spärlich, aber an unerwarteten Stellen kann man doch schon einige entzückende Frühjahrsblumen finden.

Primel *(Primula farinosa)*. Dieses mehrjährige Kraut wächst im Hügel- und Flachland. Seine Blüte ist gewöhnlich weiß, gelegentlich auch leicht purpurrot oder rosafarben. Es blüht, während noch Schnee auf dem Boden liegt; daher wird es in Japan als „schneezerteilendes Gras" bezeichnet. Dieser Name vermittelt ein Gefühl des anbrechenden Frühjahrs, und die Anmut der Primel macht sie für das Chabana sehr geeignet. Sie wird meist als *nejime* verwendet, und zwar Wurzel samt Stock, denn ihre Gesamtlänge beträgt nur ungefähr fünf bis sieben Zentimeter.

Kornelkirsche *(Cornus officinalis)*. Eine Staudenpflanze aus der Familie der Hartriegelgewächse. Die Blütenfarbe ist goldgelb mit einem Hauch Grün. Sie blüht im Gebiet von Kyoto in kleinen Dolden von Ende Januar bis Ende März oder sogar in den April hinein.

Verwenden Sie sie, wenn die Blüten knospen und erst eine oder zwei aufgebrochen sind. Wählen Sie einen Zweig in der gewünschten Form aus, ehe Sie ihn von der Staude schneiden. Am passendsten ist eine dunkelfarbige Tonvase. Vermeiden Sie für die *nejime* rote oder gelbe Blumen.

Japanische Zaubernuß *(Hamamelis japonica)*. Dieser Baum wird ab Anfang November verwendet, wenn seine Blätter rot sind. Im Januar sprießen die Blütenknospen vor den neuen Blättern; unge-

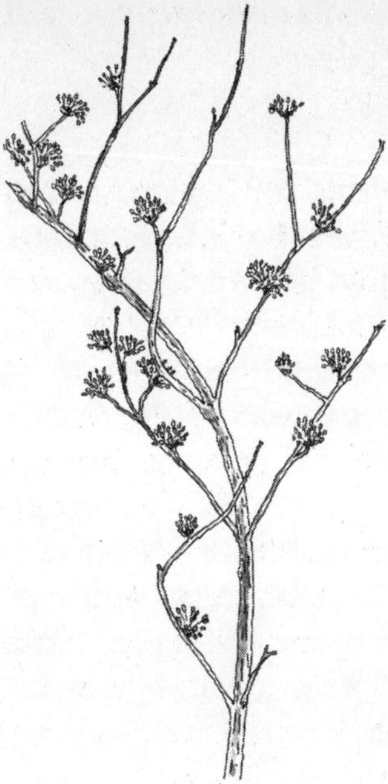

Kornelkirsche

Rotbeeriger Holunder

fähr im März blühen gelbe Blüten und können den ganzen April lang verwendet werden. Als *nejime* verwenden Sie jede Art Kamelie.

Rotbeeriger Holunder *(Sambucus Sieboldiana)* ist eine jährlich abfallende Staude aus der Familie der Geißblattgewächse, die im Hügel- und Flachland mit einer Höhe bis zu 3 bis 4 Metern wächst. Zu Anfang des Frühjahrs läßt sich ein Zweig mit jungen, purpurroten Knospen verwenden, im späten Frühjahr mit weiß blühenden Blüten. Der Holunder eignet sich auch gut im Oktober und November, sogar wenn seine Samen abgefallen sind. Als *nejime* eignen sich hervorragend Shortia *(Shortia soldanelloides)* und Farfugium *(Farfugium japonicum)*.

März

Wenn Sie die Märzwinde wehen hören, scheinen plötzlich Frühlingszeichen in der Luft zu liegen. In Tälern und Wiesen beginnen Blumen zu blühen. Allüberall regt sich ein Gefühl des Neuwerdens.

Japanische Pestwurz *(Petasites japonicus)* ist eine mehrjährige Pflanze, die im Hügelland und auf Wiesen wächst. Die zartgrüne Blüte sprießt aus dem schmelzenden Schnee hervor und verstärkt das Gefühl, der Frühling sei bald im Kommen. Bis April wird die Staude ungefähr 30 cm hoch und die Blume erblüht. Ihre Knospen sind eßbar und werden als Gewürz für verschiedene Gerichte geschätzt. Verwendet man die noch junge Blume vom Februar und März als *nejime*, wenn sich die Blüte gerade zu öffnen beginnt, vermittelt das den Eindruck einer sanften Wiese.

Japanische Quitte *(Chaenomeles japonica)* ist ein jährlich abfallender Baum, dessen Blüten in vielen Schattierungen von Weiß bis Hellrot vorkommen. Die gewöhnliche Quitte wird normalerweise in Gärten gepflanzt und stammt aus China, aber die japanische Quitte, die man im Hügel- und Wiesenland antrifft, blüht um den April zinnoberrot. Sie vermittelt den Eindruck unverdorbener, ungezähmter Unschuld und eignet sich hervorragend für das Chabana.

Benzoinlorbeerbaum *(Lindera umbellata)*. Aus dem Holz dieses Baumes werden Zahnstocher und Eßstäbchen hergestellt, weil es einen milden, angenehmen Geschmack hat. Es ist ein jährlich abfallender Baum, der im Hügelland wächst. Die frühen Arten blühen Anfang Februar, aber gewöhnlich fangen die kleinen, hellgelben Blüten vom späten Februar bis in den März hinein zu blühen an.

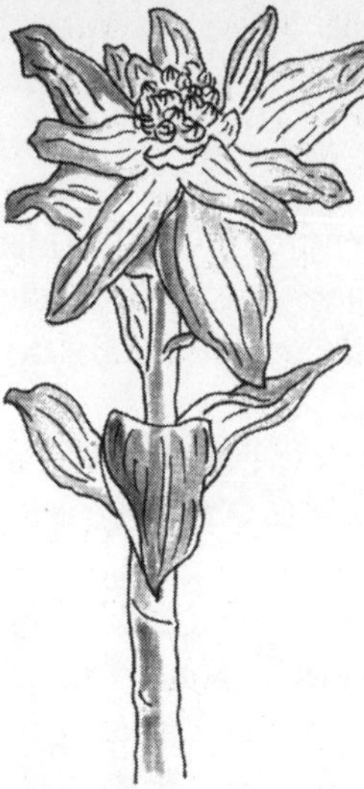

Pestwurz

Rapsblüte

Palmkätzchen *(Salix gracilistyla)*. Die Blüte ist silberfarben, und ihren Name verdankt sie ihrer Ähnlichkeit mit der Textur eines Katzenfells. Die Büsche wachsen in der Nähe von Gebirgsbächen oder Flußbetten, wo es reichlich Wasser gibt. Die Blüten entfalten sich zu Anfang des Frühjahrs vor den Blättern und werden ab Februar und den ganzen März verwendet. Ist der Zweig voller Blüten, so ist er zu überladen. Daher muß man für das Chabana einen sparsamer mit Blüten besetzten Zweig aussuchen. Nehmen Sie keine Palmkätzchen, die bereits den Höhepunkt ihrer Blüte überschritten haben.

Drachenwolkenweide *(Salix Matsudana)*. Ihren japanischen Namen „Drachenwolkenweide" verdankt diese Pflanze dem Aussehen ihrer schlanken, gebogenen Zweiglein, die zum Himmel zu klettern scheinen. Diese Weide kann schon ab Dezember verwendet werden, wenn noch keine Blüten an ihren Zweigen sind, bis in den März oder April hinein, wenn sie in voller Blüte steht. Wie bei den Palmkätzchen wirkt sie am besten, wenn der Zweig nicht zu dicht mit Blüten besetzt ist.

Rapsblüte *(Brassica Napus).* Wenn die Luft wärmer wird, leuchtet auf den Feldern das starke Gelb der Rapsblüten. Zusammen mit der Kirschblüte sind die strahlend gelben Rapsblüten ein Symbol des Frühlings.

Aus den Samenkörnern dieser Blume aus der Familie der Senfpflanzen wird Öl gewonnen, weshalb sie auch „Ölraps" genannt wird. Auf dem Land wird sie von den Bauern als Nahrungsmittel angebaut; die jungen gelben Blüten werden in Salz eingepökelt. Am besten wirkt die Rapsblüte für sich allein, aber sie kann auch gut wirken, wenn man sie als *nejime* für einen Palm-, Kirsch- oder Holunderzweig verwendet.

Steinbrech *(Saxifraga stracheyi).* Diese Pflanze wird ungefähr zwanzig Zentimeter hoch, hat breite Blätter und ein Büschel blaurosafarbener Blüten. Von Floristen in Töpfen verkauft, findet man sie auch oft in Gärten.

Gewöhnlich sind die runden Blätter gefragter als die rosafarbenen Blüten, denn der Blütenstengel ist für jede Vase zu kurz. Wenn Sie diese Blume zum Stecken verwenden, nehmen Sie die ganze Pflanze mitsamt der Wurzel. Wickeln Sie die Wurzel mit etwas Erde in eine Folie ein, damit Sie sie später wieder in den Boden setzen können.

April

Allüberall
im diesigen Feld der Frühlingszeit
der Duft der Blumen…
ist es die blühende Kirsche?
(aus dem *Manyoshu*)

Jeden Tag wird es wärmer, und kommt der April, so fangen Unmengen von Blumen zu blühen an. Während der kalten Monate waren Blumen selten, aber mit dem Kommen der warmen Jahreszeit nehmen die Spielarten der grasigen Blumen zu.

Apfelzweig *(Malus Halliana)*. Die rote Apfelblüte blüht von Anfang März bis Mai, wobei die ersten Blüten bereits aufbrechen, bevor die Blätter herauskommen. Die später Blühenden brechen zusammen mit den Knospen der Blätter auf.

Wählen Sie für das Chabana einen Zweig von passender Länge aus, an dem die Blüten knospen und herabhängen. Entfernen Sie zu dichte Blüten oder Zweiglein, und halten Sie den Zweig sparsam, denn es ist eine üppige Blüte, ähnlich wie Kirsche und Pflaume. Fast jede Vasenart paßt dafür, ausgenommen die Korbvariante.

Pflaumenpfeffer *(Chloranthus japonicus)*. Der Pflaumenpfefferstengel ist dunkel grünlich-purpurrot und mißt, wenn aufrecht stehend, 20 bis 25 cm. Im Zentrum der vier Blätter blüht eine kleine, ungefähr 3 cm lange Blüte ab April und den Mai hindurch. Sie eignet sich gut als *nejime*. Mit einer sorgfältig ausgewählten Vase läßt sich die Anmut dieser Blüte auch hervorheben, wenn man sie ganz allein verwendet.

Küchenschelle *(Pulsatilla ceruna).* Diese dunkelrote mehrjährige Pflanze aus der Familie der Hahnenfußgewächse blüht von April bis Mai an sonnigen Hängen. Ihr japanischer Name lautet „Altmännergras", weil ihre Außenseite mit weißen Härchen besetzt ist, die an die Haut eines alten Mannes erinnern.

Je nach verwendeter Vase vermittelt diese Blume ein Gefühl der Verlorenheit, wenn man sie für sich allein stehen läßt.

Raft Flower *(Helwingia japonica)* ist eine jährlich abfallende buschige Staude, die an schattigen Hängen wächst und kleine drei- oder vierblättrige grünlich-weiße Blüten im Zentrum ihrer Blätter treibt. Das Blatt gleicht einem Floß, auf dem mehrere Passagiere sitzen; von daher stammt ihr japanischer Name „Floßblume".

Im März kommen die Blätter heraus; gegen April treiben sie Blüten; und im Mai verschwinden die Blüten wieder. Während der Blüte im April entspricht sie am besten ihrer Bezeichnung als „Floßblume". Das Wetter eignet sich in dieser Jahreszeit hervorragend für eine Bootsfahrt auf dem Fluß. Im Tempel Kodaiji in Kyoto, den 1606 die Witwe des Toyotomi Hideyoshi zur Erinnerung an ihren Mann bauen ließ, gibt es eine lackierte Zeremonienhalle, in der diese Blume als Motiv verwendet ist.

Chinesischer Spierstrauch *(Spiraea cantoniensis).* Eine jährlich abfallende Staude, die aus China stammt. Die kleinen weißen Blüten aus der Familie der Rosen blühen als Knäuel und sehen wie ein runder Ball aus; daher stammt ihr japanischer Name „kleiner Handball".

Die Blüten und Blätter des Chinesischen Spierstrauchs entfalten sich zusammen ab April und den ganzen Mai hindurch. Ein Zweig mit voll entfalteten Blüten ist zu aufdringlich, aber wenn sich gerade einige wenige Knospen zu öffnen anfangen, wirkt er sehr geschmackvoll und eignet sich vorzüglich für das Chabana.

CHINESISCHER SPIERSTRAUCH

Schneeball *(Viburnum plicatum)*. Verwenden Sie den Schneeball wie den Spierstrauch (siehe S. 76).

Pappel *(Populus sieboldi)*. Eine abfallende Pflanze aus der Familie der Weidengewächse, die an Hängen wächst. Pappelholz eignet sich gut für die Herstellung kleiner Kästchen. Tatsächlich bedeutet ihr japanischer Name „Kästchenweide".

Die roten Blütenknospen sprießen im frühen Frühjahr vor den Blättern und blühen ab März und im April, zu welcher Zeit sie für das Chabana geeignet sind. Die Pappel verliert ihren Reiz, wenn im späten Frühjahr die Blüten abgefallen sind und die roten Samen baumeln. Zur Kombination mit ihr eignet sich jede Blume als *nejime*.

Magnolie *(Magnolia cobus)*. Dieser abfallende Baum wächst an Hängen. Die Blüte hat sechs Blätter, die einen angenehmen Duft verströmen. Ihre frühen Blüten knospen vor den Blättern ungefähr im Februar und blühen im März.

Verwenden Sie diese Blüte nicht, wenn sie voll entfaltet ist, weil

Magnolie

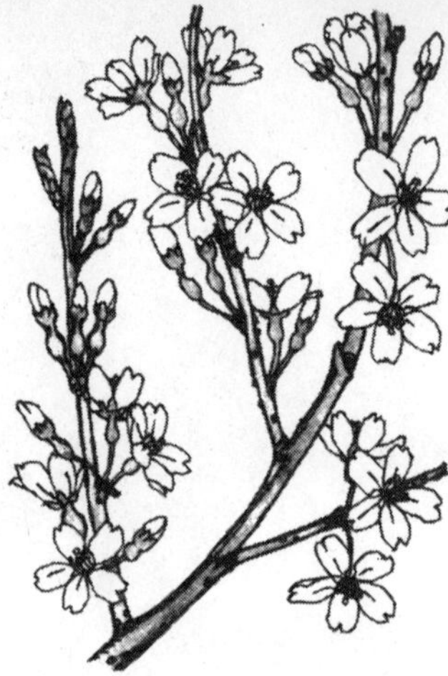

Tagundnachtgleichkirsche

die Magnolie wie die Kirschblüte erdrückend wirkt. Wählen Sie eine nicht zu große Blüte aus, und verwenden Sie sie, solange sie noch nicht ganz geöffnet ist, als *nejime* für einen Baumzweig.

Tagundnachtgleichkirsche *(Prunus ascendens)*. Diese Sorte Kirschblüten ist sehr lebhaft und findet sich überall an Hängen und im Flachland. Daher werden sie nicht oft zum Chabana verwendet. Doch wenn man die Kombination von Schriftblatt und Blumenvase sorgfältig wählt, kann ein sparsam besetzter Zweig sehr interessant wirken.

Diese Variante der Kirsche hat ihren japanischen Namen „Tagundnachtgleichkirsche" erhalten, weil sie um die Zeit der Tagundnachtgleiche am 21. März blüht.

Japanische Blütenkirsche *(Prunus Sargentii)*. Sie gilt als die Königin der Kirschblüten. Ihre Blütenblätter sind zartrosa und ziemlich groß. In einen schlichten Teeraum passen sie nicht, aber bei einem

Kamelie

gelegentlichen Chanoyu-Treffen in einem großen Raum schafft diese Blüte eine heitere Atmosphäre für ein ungezwungenes Beisammensein.

Baumprunktraube *(Stachyurus praecox).* Ein abfallender Baum, dessen Blüten wie diejenigen der Wistarie blühen, weshalb sie auf Japanisch fälschlicherweise als „Baumwistarie" bezeichnet wird. Bis Mitte des 19. Jahrhunderts war es üblich, sich mit ihrem aus den Samen gewonnenen Farbstoff die Zähne schwarz zu färben. Die Blüten sind gelb; ihre Knospen sprießen zu Anfang des Frühjahrs vor den Blättern. Die Baumprunktraube blüht im März und April. Ihre Blüten sind auch voll entfaltet verwendbar, aber solange sie noch in der Knospe sind, eignen sie sich besonders gut für das Chabana, weil sie dann den Geist des *wabi* zum Ausdruck bringen. Wählen Sie als *nejime* etwas, das Blätter hat. Ist ihre Blüte offen, dann verwenden Sie nicht Raps als *nejime*, weil beide Pflanzen gelb sind.

Kamelie *(Camellia japonica).* Im späten Frühjahr tropfen hier und da an Straßenrändern und in Gärten die Kamelienblüten. Der dumpfe Laut der tropfenden Kamelien weckt ein Gefühl der Einsamkeit und verstärkt das Gefühl, sich vom Frühjahr verabschieden zu müssen.

Ihren Namen gab dieser Blume Georg Joseph Camellas, ein mährischer Jesuit, der im 17. Jahrhundert Asien bereiste. Fast jede Kamelienart eignet sich wunderbar für das Chabana. Die beste Zeit für ihre Verwendung ist, wenn sie im runden, plumpen Knospzustand ihrer Blüten sind oder gerade erst ihre jungen Blütenblätter entfaltet haben.

Tafel 1:
Material: Kornelkirsche (*Cornus officinalis*, eine Hartriegel-Art) und Japanische Kamelie *(Camellia japonica)*.
Vase: Glasierter koreanischer Tonkrug mit tierförmigen Ohren.

Ein einziger gegabelter Kornelkirschzweig mit einigen wenigen gelb knospenden Blüten harmonisiert gut mit der *nejime*, einer reinweißen Kamelie, die ihre Blütenblätter zu drängen scheint, sich im ersten Frühjahrssonnenschein zur Blüte zu entfalten.

Die ungeöffnete Kamelie am Vasenmund mit ihren drei leuchtenden Blättern gibt dem ansonsten nutzlos wirkenden Kornelkirschzweig seine Würde.

Dieses Gesteck steht auf einem schwarz lackierten Brett mit abgerundeten Ecken vom Typus *gyo*.

Tafel 2:
Material: Steinbrech *(Saxifraga stracheyi)*
Vase: Hängendes Bambusboot

Ein Büschel zarter rosa Blüten des Steinbrech schwimmt zusammen mit seinen runden Blättern in einem Boot.

Die Einfachheit des Gestecks und die Zartheit der gesamten Farbkombination wecken ein Gefühl mädchenhafter Unschuld.

Wenn Sie eine bootsförmige Vase aufhängen, achten Sie darauf, daß der Bug immer etwas höher als das Heck ist, denn das weckt den Eindruck lebendiger Bewegung.

Tafel 3:
Material: Apfelzweig und Kamelie
Vase: Bambusrohr

Hier ist der Zweig eines blühenden Apfelbaums, dessen rote Blüten kurz vor dem Aufbrechen sind, vertikal in Linie mit der schlichten Bambusvase gesteckt.

Als *nejime* ist eine dicke weiße Kamelie mit drei Blättern verwendet. Obwohl die Blüten senkrecht hochzustehen scheinen, sind sie gegen den Rand der Vase gelehnt, so daß sie sich nach vorn neigen.

Dieses Chanaba ist auf ein rustikales geflämmtes Brett vom Typ *so* gestellt.

Tafel 4:

Material: Schilfrohr, Distel, Nachtkerze, Japanischer Spierstrauch und Immergrünes Geißblatt

Vase: Fischkorb

Dieses Gesteck bringt man am besten zustande, indem man es in der Hand anordet und dazu einen Blumenstengel um den anderen aufnimmt. Schneiden Sie sodann alle Stengel zusammen auf die gewünschte Länge ab und stecken Sie sie als ganzen Strauß in die Vase. Lassen Sie die Blumen sich etwas nach vorne neigen und lockern Sie zu eng aneinandersitzende Stengel auf, damit ein Gefühl der Freiheit und Leichtigkeit entsteht.

Als Vase ist ein Fischkorb mit Ring und Haken an der Wand befestigt. Die Idee, einen solchen Fischkorb zu verwenden, stammt von Sen Rikyu, der einmal den Katsura-Fluß in West-Kyoto entlangwanderte und dabei einen Fischer sah, der einen solchen trug.

Tafel 5:
Material: Frauenschuh, Distel und Gilbweiderich
Vase: weiße lasierte Tonvase

Das große, ausladende Blatt stammt vom Frauenschuh. Die wilde purpurrote Distel mit ihrem langen Stiel steht aufrecht. In der Mitte steckt der weiße Gilbweiderich, dessen zahlreiche längliche Blätter nach vorn gerichtet sind.

Ein geflämmtes hölzernes Brett vom *so*-Typ paßt gut zu dieser ungleichmäßig lasierten Vase.

TAFEL 6:
Material: Wiesenknopf, Clematis, Morgensternlilie, Heidelbeere und Buschklee
Vase: Bambuskorb mit Griff

Die längste, herabhängende rosa Blume ist der Wiesenknopf; eine weiße Clematis ist in der Mitte; eine leuchtendrote Morgensternlilie links; eine getönte Heidelbeerpflanze rechts; und der frühblühende Buschklee breitet sich unten aus.

Ein praktischer Tip für diese Art Gesteck: Fangen Sie mit der niedrigsten Blume an – in diesem Fall mit dem Buschklee – und stecken Sie die größte zum Schluß.

Ein Korb jugendlicher Blumen aus dem Sommergarten bringt ein Lächeln ins Haus.

Tafel 7:
Material: Nachtkerze, Aster und Kermesbeerspinat
Vase: Korbtasche mit Schultergürtel

Eine schlichte Vesperkorbtasche, wie sie die Bauern auf der Insel Ryukyu über der Schulter tragen, wird zum Gefäß für dieses lockere Gesteck – ein anmutiges Chabana für den Spätsommer.

TAFEL 8:
Material: Japanisches Pampasgras, Großer Wiesenknopf, Knöterich, Amerikanische Kermesbeere und Prachtnelke.
Vase: Hohe braune Terrakottavase.

Dieses stille und friedvolle Chabana ist aus einer Sammlung von Wildblumen aus den benachbarten Feldern gesteckt. So besteht es aus einem Stengel japanischen Pampasgrases mit seiner noch festen Blüte, einem blattlosen, zarten Zweig des Großen Wiesenknopfs, einem ranken, von ganz kleinen roten Blüten besetzten Knöterichstiel und mehreren großen länglichen Blättern, einem Stengel von der Amerikanischen Kermesbeere sowie einem Paar zarter Prachtnelken.

Die ansprechende wilde Unschuld der Herbstwiese kommt besonders gut in einer schmucklosen rustikalen Vase zum Vorschein.

Tafel 9:
Material: Okera und chinesische Begonie
Vase: Bambuskorbflasche

Für dieses erfrischende Gesteck wurde ein hoher Stengel der Okera mit einigen wenigen leuchtend weißen Blüten an der Spitze verwendet. Als *nejime* dient ein Zweig der chinesischen Begonie mit hie und da einigen rosa Blüten.

Bei der ungewöhnlichen Vase handelt es sich um eine Korbflasche zum Sammeln von Grashüpfern. Während man die Insekten einfängt, hält man die Flaschenöffnung mit dem Daumen zu.

Für Korbflaschen verwendet man kein Brett als Unterlage.

TAFEL 10:
Material: Hiobstränen, strauchige Apothekerstockmalve, Aster, Mennig und Buddleia.
Vase: Eßstäbchenkorb aus Bambus

Die meisten Wildblumen in Feld und Berg verschwinden um diese Jahreszeit, aber die noch verbleibenden Blumen besitzen ihren ganz eigenen Charme.

Einige vergessene grasige Blumen des Spätherbstes sind locker und zärtlich in einem rauchgeschwärzten Eßstäbchen-Korb gesteckt. Dieser wunderschöne alte Korb stammt aus einem alten Bauernhaus in einem einsamen Bergdorf und hing dort über dem offenen Herd.

Tafel 11:
Material: Japanische Zaubernuß und Judith-Kamelie
Vase: Aschenglasierter Iga-Topf

Ein einzelner Zweig der Japanischen Zaubernuß mit vom Frost karmesinrot gefärbten Blättern und eine runde blühende weiße Judith-Kamelie als *nejime* sind in einer schlichten, unregelmäßig geformten Vase aus dem Töpferdorf Iga gesteckt.

Das Gesteck nimmt wenig Raum ein, vermittelt jedoch intensiv das Gefühl des *wabi* des Frühwinters.

TAFEL 12:
Material: Narzisse
Vase: Chinesische Bronzevase

Was könnte für den ersten Monat eines frischen Jahres angemessener sein als eine oder zwei elegante Narzissen?

Die Form von Blumen und Vase ist bei diesem Gesteck im *shin*-Typus gehalten, also im förmlichsten. Hier stehen einige wenige Narzissenblüten zusammen mit ihren schmalen gebogenen Blättern fest in einer hohen, schmuckvollen Bronzevase, die ihrerseits auf ein schwarzlackiertes, an den Kanten V-förmig eingeschnittenes Brett des *shin*-Typus gestellt ist.

Die disziplinierte Anordnung strahlt Würde aus und vermittelt den Hauch der stolzen Schlichtheit der Kunst des Chanoyu.

Der Sommer

Am schönsten ist der Sommer am Abend,
vor allem dann, wenn der Mond am Himmel steht.
Aber auch ohne ihn ist der Sommer köstlich.
Warm wird das Herz, wenn die Leuchtkäfer schwirren.
Welch herrlicher Anblick ist es,
hier und dort einige fliegen zu sehen.
Doch hat der Sommerabend auch dann seinen Reiz,
wenn warmer Regen fällt.

Sei Shonagon

Der Sommer ist die Jahreszeit, in der die Insekten zum Leben erwachen. Die vorhanglosen Häuser Japans werden von Insekten aller Formen und Farben besucht. Manchen Leuten sind sie lästig, aber anderen sind sie Freunde, die ihnen in Trauer wie Glück treue Gefährten sind.

Anders als der schweigsame Winter ist der Sommer von Geräuschen erfüllt, vor allem vom Zirpen der Zikaden. Vom Aufgang der Sonne bis zu ihrem Untergang verstärkt ihr schriller Laut die irritierende Hitze der Sommertage. Diese lärmenden Zikaden leben nur wenige Tage, doch mit ihrem lauthalsen Wesen füllen sie ein ganzes Leben aus.

Mai

Bis Mai sind die üppigen Blüten von Pflaumen-, Pfirsich- und Kirschbäumen abgefallen, die die Szene des Frühlings mit Farbe erfüllt haben. Jetzt, in der erfrischenden Jahreszeit des Frühsommers, haben die grünen Blätter das Sagen.

Schattenblume *(Majanthemum dilatatum)*. Eine mehrjährige Pflanze, die 10 bis 20 cm hoch wird und kleine weiße Blüten hat. Im Japanischen heißt sie wegen der Form ihrer Blätter „Fliegendes Kranichgras“. Frühe Formen blühen im Mai, und die Pflanze blüht bis in den Juli hinein. In einer passenden Vase vermittelt diese anmutige Blume das Gefühl der Frische und Unschuld.

Japanischer Ranunkelstrauch *(Kerria japonica)*. Eine abfallende Pflanze, die man in ganz Japan sehen kann. Die fünfblättrigen gelben Blüten, die im späten Frühjahr blühen, sind bei jedermann beliebt. Wird diese Blume vom zarten Frühlingsregen benetzt, so weckt sie ein besonderes Gefühl der Eleganz. Der Dichter Basho hat das in die Zeilen gefaßt:

> Die gelbe Rose
> entfaltet zart ihre Blätter –
> das Geräusch des Wasserfalls.

Bei seiner Wanderung durch ein Tal bis zum nächsten Dorf kam Basho an einem Wasserfall vorbei. Das Wetter war immer noch kühl, aber erfrischend, als er sich auf einen Felsblock setzte, um seine müden Füße ausruhen zu lassen. Hie und da war durch das Rauschen des Wasserfalls hindurch das Zwitschern eines Vogels zu hören, und über den Bach wehten hellgelbe Blütenblätter.

Schon im 8. Jahrhundert war diese Blume eine der Lieblingsblumen der Japaner. Sie ist sogar mit einer wunderschönen Frau verglichen worden.

Der Japanische Ranunkelstrauch wirkt am besten in einer frei hängenden oder an einem Haken befestigten Vase, von der man mehrere lange Stengel mit vielen gelbknospenden Blüten fließend herabhängen läßt.

Japanisches Schöllkraut *(Chelidonium japonicum)*. Diese Blume wächst an Hängen und blüht im April und Mai. Verwenden Sie sie, solange sie noch knospt, und nur mit einigen wenigen Blüten. Wegen ihrer Form eignet sich für diese Blume genau wie für die Ranunkelstrauchblüte am besten ein Hängekorb oder eine Hängevase oder eine Vase am Haken.

Wistarie *(Wistaria floribunda)*. Eine abfallende Pflanze, die oft in Gärten und Parks gezogen wird. Die Blüten sind purpurrot und hängen traubenförmig herab. Andere Varianten mit weißen und roten Blüten blühen vom Spätfrühling bis Frühsommer. Für das Chabana ist es am besten, ein relativ kleines Büschel zu verwenden, an dem erst einige Blüten aufgebrochen sind. Entfernen Sie unnötige Blätter. Das sieht in einer frei hängenden oder einer Vase am Haken sehr gut aus.

Duftende Weißwurz *(Polygonatum odoratum)*. Diese mehrjährige Pflanze aus der Familie der Liliengewächse wächst im Flachland und an Hängen. Ihre grünlich-weißen, zarten Blüten hängen von den nach oben gerichteten Zweigen herab.

Weiße Taubnessel *(Lamium album)*. Ein mehrjähriges Kraut, das an halbschattigen Hangplätzen wächst. Es wird 30 bis 60 cm hoch, und seine Blüten sind zart rötlich-purpurfarben. Es gibt auch eine weiße Variante, deren Blüten quirlförmig angeordnet sind. Diese

WISTARIE

interessante Blütenform läßt sie wie eine Tänzerin mit breitkrempigem Hut aussehen. Tatsächlich bedeutet der japanische Name „Tänzerinnenblume“. Die Taubnessel ist von April bis Mai in voller Blüte.

Schönstendel *(Calanthe discolor)*. Diese mehrjährige Pflanze gehört zur Gattung der Orchideen. Sie wächst in Wäldern und Bambushainen, hat dunkelgrüne Blätter und Blüten und blüht ab April und den ganzen Mai. Sie wird ungefähr 40 cm hoch, und jede Pflanze läßt ungefähr zehn zartrosa-, zartorange- oder rötlich-purpurfarbene Blüten sprießen. Je nach ausgewählter Vase eignet sich diese Blume hervorragend für sich allein oder als *nejime*.

Meeres-Platterbse *(Lathyrus maritimus)*. Diese mehrjährige Pflanze sieht wie die Erbse aus und wächst an Sandstränden oder in der Nähe von Bächen. Ihr Stengel ist 30 bis 60 cm lang und vielfältig gewunden, mit Blättern, die denjenigen der Wistarie gleichen.

Gegen Mai blüht ein Büschel rötlich-purpurner Blüten. Die Meeres-Platterbse vermittelt ein dumpfes, leicht wildes Gefühl und macht sich in einer alten Bronze- oder Seladonvase nicht gut. Ihr Charme kommt eher in einer Ton-, Bambus- oder korbähnlichen Vase zur Geltung.

Immergrünes Geißblatt *(Lonicera sempervirens)*. Diese Geißblattpflanze ist eine abfallende hochkletternde Variante, die aus Nordamerika stammt.

Die roten und orangenen trompetenförmigen Blüten blühen als Dolde an der Spitze des Stengels von Mai bis September. Gewöhnlich duften Geißblattpflanzen, aber manche sind auch fast duftlos.

Als kopflastige Blume hängt sie herab und ist für ein Gesteck schwierig zu handhaben. Am besten eignet sie sich als *nejime* in einer Hängevase. Dünnen Sie Blüten und Blätter aus und schneiden Sie den Stiel im Wasser.

Feenglocken *(Disporum sessile)*. Eine mehrjährige Pflanze, die an Hängen und auf Feldern wächst. Sie hat eine interessante Form und erreicht ungefähr 30 bis 50 cm Höhe. Die weißen Blüten hängen wie kleine Glöckchen herunter, und an jedem Zweig blühen eine bis drei.

Schilfrohr *(Phragmites communis)*. Schilf wächst im allgemeinen in feuchtem Boden und in Sümpfen. Dieses spezielle Schilfrohr mit weißen parallelen Längsstreifen auf den Blättern ist für das Chabana sehr reizvoll. Die Blüte kommt zwar erst gegen September, aber das Schilfrohr ist für das Chabana am besten, wenn es jung und frisch und ohne Blüten ist.

Vom Spätfrühling bis Herbst lassen sich eine ganze Anzahl anderer Schilfarten auf vielfältige Weise verwenden. Schilf vermittelt mit seinen schlanken, spitzen Blättern ein Gefühl der Kühle und Frische, was während heißer Sommertage höchst willkommen ist.

Immergrünes Geissblatt

Feenglocken

Zum Kombinieren mit Schilf eignen sich gut Distel, Hibiskus oder Zaunwinde, und das beste Gefäß ist eine Korbvase.

Swamp basho *(Lysichiton camtschatcense).* Diese Pflanze wächst in Kolonien in Sumpfland. Ihr japanischer Name „Wasserbananenpflanze" verweist auf die Ähnlichkeit ihrer Blätter mit denjenigen der Bananenpflanze. Es ist eine stiellose mehrjährige Staude. Im April oder bei der Schneeschmelze fangen die Blüten zu knospen an. Die Pflanze wird ungefähr 20 cm hoch und hat eine eigenartig geformte üppige Blüte, die wegen ihrer Einzigartigkeit für das Chabana ziemlich schwierig zu verwenden ist. Es ist eine echte Herausforderung, eine Vase zu finden, die den Charakter dieser Blume voll zur Geltung bringt.

Koreanische Weigelie

Stinkkohl *(Symplocarpus foetidus)* ist ebenfalls eine mehrjährige Pflanze, die in großen Kolonien wuchert. Die Blätter sind groß und dick, und die Pflanze wird ungefähr 30 bis 40 cm hoch. Der zartpurpurne Blütenkern in der eiförmigen schwarzpurpurnen Blüte erinnert an einen Zenmönch in tiefer Meditation *(zazen)*. Daher gaben die Japaner dieser Pflanze den Namen „Zazenblume".

Koreanische Weigelie *(Weigelia coraensis)*. Der Geißblatt-Familie angehörend, hat die Weigelie in ihrer Anfangsblüte weiße Blüten. Nach und nach verfärben sie sich zu Rosa und schließlich kurz vor dem Abfallen zu Rot. Da die Blätter ziemlich groß und die Blüten von unterschiedlicher Farbe sind, entfernen Sie genügend Grün, um der Pflanze ein frisches und adrettes Aussehen zu geben.

Japanische Päonie *(Paeonia japonica)* ist eine mehrjährige japanische Pflanze, die in bewaldeten Hügeln wächst. Ihre Blüte ist viel kleiner als bei der gewöhnlichen Päonie, ihre Farben sind weiß und

FÄCHER-AKELEI

rosa. Von allen Päonienarten eignet sich diese Variante infolge ihrer geringen Größe am besten für das Chabana.

Fächer-Akelei *(Aquilegia flabellata)*. Eine mehrjährige Pflanze, die in Hausgärten gehalten wird. Ihr japanischer Name „Fadenspule" ist von der Form ihrer Blüte inspiriert. Diese Pflanze wird ungefähr 20 bis 30 cm hoch und ist bekannt für ihre tief purpurblauen oder weißen Blüten. Die nach unten hängende fünfblättrige Blüte blüht ab April und den ganzen Mai hindurch. Entfernen Sie die zu dichten Blätter, und da die Blätter schwach sind, schneiden Sie den Stiel im Wasser oder verwenden Sie beim Schneiden Alaun.

Mock orange *(Dentzia crenata)* ist eine abfallende Staude des Berglands, und die beste Zeit für ihren Gebrauch ist, wenn sich ihre Blütenknospen gerade öffnen. Die Chanoyu-Freunde nennen diese Blume oft „Hasenblume", weil sie im Mai blüht, der nach dem östlichen astrologischen Kalender der Monat des Hasen ist. Die Mock orange gehört zur Familie der *Hydrangea.* Als *nejime* harmoniert jede grasige Blume sehr gut mit ihr.

Juni

In Japan ist der Juni der Monat, in dem die Tage mit Regen anfangen und aufhören. Doch die trüben Wochen dieser Regenzeit lassen die Blumen in reicher Fülle blühen. Der Juni ist das Vorspiel zum kühlen Chabana, für das die reiche Vielfalt der tauschimmernden Sommerblumen zur Verfügung steht.

Gilbweiderich *(Lysimachia clethroides).* Der Gilbweiderich ist eine mehrjährige Pflanze aus der Familie der Primelgewächse, die an Hängen und auf freiem Feld wächst. Sie vermehrt sich durch ein unterirdisches Rhizom und wird 60 bis 90 cm hoch. Im Juni und Juli blühen an ihrem Stengel zahlreiche kleine weiße fünfblättrige Blüten, die in einer schmalen, spitz zulaufenden, 10 bis 12 cm langen Traube angeordnet sind. Diese herabhängende Traube wirkt wie der Schwanz eines wilden Tieres, weshalb ihr japanischer Name „Bergtigerschwanz" lautet.

Astriesche *(Commelina communis)* ist eine einjährige Pflanze, die überall im Flachland wächst. Wie ihr japanischer Name „Taugras" besagt, scheint sie immer taufeucht zu sein. Vor langer Zeit wurde diese Pflanze zum Färben von Faden benützt und als „Indigoblume" oder „Blaue Blume" bezeichnet. Sie wird nur ungefähr 5 bis 8 cm hoch und hat einen dicken Stiel. Ihre Blätter gleichen denjenigen des Bambus, und die dunkelblaue Blüte ragt aus einer muschelförmigen Öffnung heraus. Sie blüht von Juni bis einschließlich September.

Infolge ihrer Form wirkt sie in einer *shin*-Vase nicht gut. Passender ist eine Bambus-, Ton- oder Korbvase. Die Blüte wird nachmittags welk, weshalb sie nur vormittags verwendet werden sollte. Sie eignet sich besonders gut für ein Chanoyu in der Morgendämmerung, denn ihr Name „Taugras“ wirkt erfrischend kühl. Besorgen Sie diese Blume entweder ganz früh morgens oder am Abend vorher und lassen Sie sie bis kurz vor Eintreffen der Gäste ganz im Wasser.

Nachtkerze *(Oenothera odorata)*. Diese mehrjährige Pflanze erreicht eine Höhe von 50 bis 90 cm. Die Ränder ihrer Blätter sind leicht sägeförmig, und ab Juni entfaltet sie vierblättrige hellgelbe Blüten. Die Nachtkerze öffnet ihre Blüten erst am Spätnachmittag; bei Sonnenaufgang des nachfolgenden Morgens verfärbt sie sie purpurn und verwelkt. So läßt sie sich nur am frühen Morgen für kurze Zeit verwenden und muß am Abend zuvor besorgt werden.

Storaxbaum *(Styrax Obassia)*. Dieser abfallende Baum wird in Japan als „Weißwolkenbaum“ bezeichnet. Er wächst im Gebirge und erreicht eine Höhe von 6 bis 9 Metern. Der japanische Name kommt dadurch zustande, daß der Baum, wenn er im Gebirge in voller Blüte steht, ganz mit weißen Blüten übersät ist. Seine Blätter sind rund, ziemlich groß und flaumhaarig. Vermeiden Sie bei der *nejime* alles Weiße, und verwenden Sie als Vase Ton oder Bambus.

Glockenblume *(Campanula punctata)*. Diese mehrjährige Pflanze wächst an Abhängen. Die Blüte wirkt wie ein Beutel, weshalb sie die Japaner als „Feuerfliegenbeutel“ bezeichnen. Die Pflanze erreicht 30 bis 90 cm Höhe, und ihre langen, behaarten, eiförmigen Blätter laufen spitz zu. Von Juni bis einschließlich Juli hängen entweder weißgetupfte oder zartrote Blüten vom Stengel. Diese bezaubernde Blume macht sich gut in einer Ton- oder Bambusvase, wirkt jedoch zusammen mit einigen wenigen anderen wilden krautigen Blumen besonders anziehend in einem Gefäß vom Korb-Typ.

Kamschatkische Lilie *(Fritillaria camtschatcensis)*. Eine mehrjährige Pflanze, die ungefähr im Juli dunkelpurpurne Blüten treibt.

Gilbweiderich

Glockenblume

Die Ainu-Bevölkerung von Hokkaido nennt diese Blume „Liebesblume“, und man schenkt sie seiner Geliebten als Zeichen der Zuneigung.

Japanischer Frauenschuh *(Cypripedium japonicum).* Dieses Orchideengewächs ist mehrjährig und wächst auf bewaldeten Gebirgsplateaus oder im Bambusdickicht. Es wird bis zu 40 cm hoch und zeichnet sich durch seine eigenartigen Blätter und Blüten aus. Sein Stiel steht senkrecht hoch, und zwischen zwei fächerähnlichen Blättern kommt eine taschenförmige Blüte heraus. Es blüht von April bis einschließlich Juni, und gewöhnlich sind seine Blüten zartrosa und mit rötlich-purpurfarbenen Flecken übersät. Die Farbe variiert je nach Standort; manchmal findet man sogar rein weiße Blüten.

Kornelkirsche *(Cornus Cousa)*. Diese abfallende Pflanze wird zwischen 3 und 5 Meter hoch. Ihre Blätter kräuseln sich an den Rändern gern etwas ein. Die frühen Sorten fangen im April zu blühen an. Jede Blüte scheint für sich unabhängig zu sein, aber in Wirklichkeit besteht sie aus einem zentralen Büschel zahlreicher winziger Blüten, die von vier Blütenblättern kreuzförmig umgeben sind. Der blühende Zweig wird von April bis einschließlich Juni verwendet, und später kann auch der Zweig mit den Beeren wirkungsvoll eingesetzt werden. Im Herbst färben sich die Blätter rot, und man kann mit den Zweigen ein wunderschönes Herbst-Chabana stekken. Als *nejime* wählen Sie einige farbenkräftige grasige Blumen, und als Vase entweder eine alte Bronze-, Ton- oder Bambusvase.

Japanische Distel *(Cirsium japonicum)*. Von dieser mehrjährigen Pflanze wachsen viele Varianten an Hängen und in Feldern. Ab April blühen purpurrote, rosa, rote und weiße Disteln. Die Pflanze wird bis zu 1 Meter hoch. Ihre Blüten werden oft als *nejime* verwendet, aber je nach Vase kann man sie auch für sich selbst verwenden oder einer Auswahl Blumen in einem Korb beigeben. Damit sie das Wasser besser aufnehmen, schneiden Sie den Stengel im Wasser.

Tigerlilie *(Lilium lancifolium)*. Diese Lilienart, eine mehrjährige Pflanze, wird oft als Nahrungspflanze gezogen. Ihre Zwiebel schmeckt delikat und gehört zur Kost der Zen-Mönche. Ihre getupften hellorangenen Blüten blühen von Juli bis einschließlich August.

Japanischer Spierstrauch *(Spiraea japonica)* ist eine abfallende Staude, die an Hängen wächst und gelegentlich in Hausgärten gepflanzt wird. Sie wird fast 1.20 m groß. Gegen Juli blühen ihre kleinen, zartduftenden roten Blüten in Büscheln. Die Blüten werden während des Sommers verwendet, aber im Herbst können die wenigen verbliebenen Blüten ein Gefühl wehmütiger Erinnerung schaffen. Im Frühwinter kann ein Zweig mit einigen wenigen karmesinroten Blättern eine feinsinnige *nejime* abgeben. Die Blüte wirkt auch für sich selbst sehr eindrucksvoll, wenn man sorgfältig eine entsprechende Vase für sie auswählt.

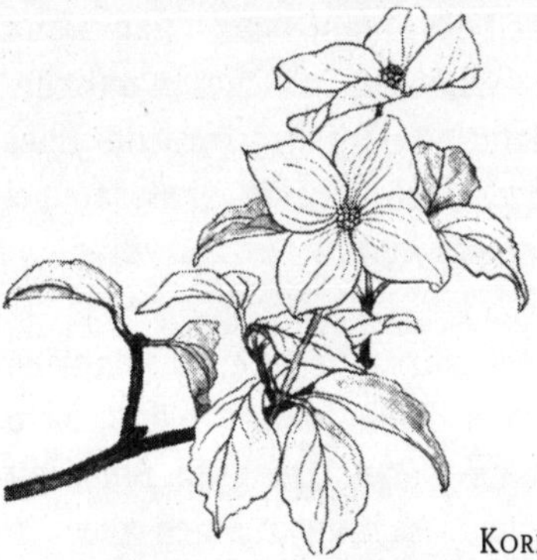

KORNELKIRSCHE

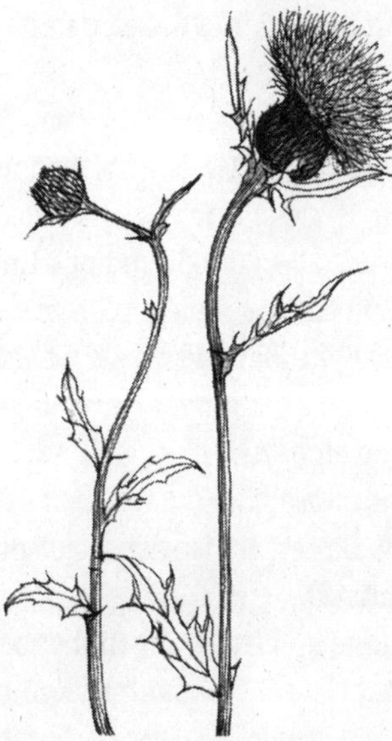

DISTEL

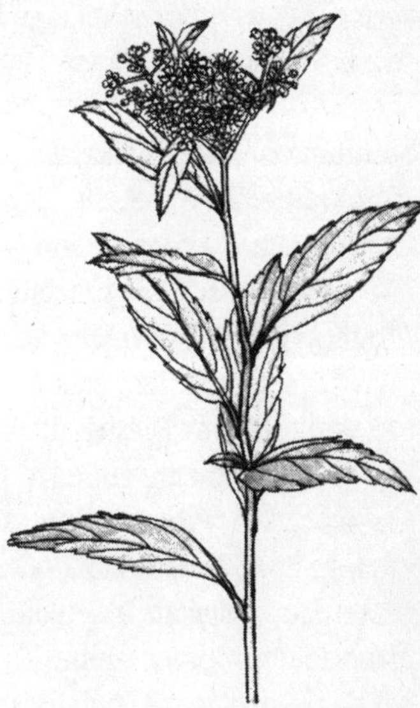

JAPANISCHER SPIERSTRAUCH

Juli

Der trübe Nieselregen des Juni, der so lange andauert, hört im Juli endlich auf, und die heiße Jahreszeit des Sommers bricht an. Dann ist es ein Hochgenuß, einen überraschenden Besucher in ein kühles, schattiges *chashitsu* einzuladen und mit ihm angesichts eines tauglänzenden, anmutigen Sommer-Chabana eine Mußezeit bei einer Schale mit schmackhaftem *cha* zu verbringen.

Hibiskus *(Hibiscus Hamabo)*. Die Pflanze wächst in Küstennähe. Es handelt sich um einen abfallenden Baum, dessen Blüten 5 cm Durchmesser haben und gegen Juli aufgehen. Die gelbe Blüte mit einem dunkelroten Mittelpunkt eignet sich gut für sich allein in einer passenden Vase, kann aber auch mit anderen grasigen Blumen verwendet werden. Schneiden Sie den Stengel im Wasser, damit er besser Wasser absorbiert.

Sommerkamelie *(Stewartia pseudo-camellia)* ist ein abfallender Baum mit einer Blüte, die einer Kamelie gleicht. Die Japaner nennen sie auch „Regenzeitkamelie". Sie wird bis zu 4.50 m hoch und hat runde Blätter. Im Juli blühen fünfblättrige weiße Blüten mit sägeförmigen Rändern. Die voll aufgeblühte Blüte kann als Chabana verwendet werden, aber die dicke Knospe kurz vor dem Aufgehen wirkt subtiler. Diese Blüte kann von einer *nejime* begleitet sein, aber wenn man eine gut dazu passende Vase wählt, kann sie auch für sich allein ausgezeichnet wirken. Besonders ist dabei auf die genaue Anordnung der Blätter zu achten.

Sen Rikyu pflanzte einen dieser Bäume im Garten gegenüber der Altarhalle des Juko-in, eines Untertempels des Daitokuji in Kyoto, wo sich sein eigenes Grab befindet. Leider wurde dieser berühmte Baum vor etlichen Jahren von einem Taifun entwurzelt.

Clematis *(Clematis florida)* ist eine sehr auffällige Blume. Rund um die Welt kennt man ungefähr 150 Spielarten, meistens in gemäßigten Regionen.

Bei der im Bild für Juli verwendeten speziellen Clematis handelt es sich um eine kletternde Variante. Sie hat sechs Blütenblätter mit jeweils einem Durchmesser von ungefähr 3 cm. Ihre Farben sind cremeweiß und purpurrot.

Weil ihr Stengel wie ein Draht wirkt, nennen die Japaner diese Pflanze *tessen*, was „Stahldraht" oder „Stahleremit" bedeutet – eine Reminiszenz daran, daß Eremiten nicht übergewichtig sind, sondern schlank und stark wie Stahl.

Die Clematis läßt sich leicht in einer Hängevase arrangieren, damit sie gut herabfallen kann. Andernfalls muß man etwas Technik aufwenden, um sie in einer entsprechenden Stellung zu halten. Manche wickeln den drahtartigen Stiel um einen kleinen Bambusstab, um ihn aufrecht hinzustellen, aber wenn möglich, versuchen Sie es ohne ein solches Hilfsmittel.

Morgensternlilie *(Lilium concolor)*. Das ist eine leuchtend rote, kleine Lilie. Die starken lachsroten Blüten sind von Juni bis einschließlich August entfaltet, wobei an jedem Stiel ein bis vier Blüten aufbrechen.

Diese Lilienart wird infolge ihrer Größe und Leuchtkraft sehr geschätzt, wenn man für ein Gesteck einen kräftigen Schuß Farbe braucht, aber in einem Korb mit Sommerblumen genügt eine von ihnen.

Oldham-Heidelbeere *(Vaccinium Oldhami)*. Diese abfallende Staude wächst an bewaldeten Hängen und erreicht eine Höhe von 1.80 m. Die länglichen Blätter laufen spitz zu; eine Reihe kleiner, hell gelblich-brauner Blüten blühen im Juni und Juli. Wählen Sie einen schmucken Zweig aus, und entfernen Sie die überzähligen Blätter. Diese Blume ist ziemlich düster, so daß sie durch ein Stück

KLEINER WIESENKNOPF

leuchtender *nejime* gut ergänzt wird. Als Gefäß eignet sich entweder ein Korb, ein altes Bronzegefäß oder eine Bambusvase.

Kleiner Wiesenknopf *(Sanguisorba hakusanensis)*. Diese krautige Pflanze aus der Familie der Rosengewächse ist mehrjährig. Ihre unterschiedlichen Größen reichen von 30 cm bis fast 1 Meter. Der Stengel ist gerade, die Blätter haben Ellipsenform und gesägte Ränder. Von Juli bis August blühen kleine, rötlich-purpurne Blüten in ungefähr 10 cm langen Trauben. Diese Blume stammt aus China und wird deshalb von den Japanern auch als „Chinesisches Fadengras“ bezeichnet, weil sie fadenförmig aussieht.

Wenn Sie den Wiesenknopf zum Stecken verwenden wollen, wählen Sie eine Blüte mehr in Hinsicht auf die sie umgebenden Blätter als auf den Blütenstand. Verwenden Sie als Gefäß entweder Bambus oder leichten Ton. Es sieht auch sehr attraktiv aus, wenn man einige Blüten zusammen mit anderen sorgfältig ausgesuchten grasigen Blumen in einem Korb plaziert und daraus ein harmonisches Ganzes macht. Sein japanischer Name macht ihn besonders geeignet für die Feier des Tanabata-Festes.

Wasserlilie *(Nymphaea tetragona).* Diese mehrjährige Pflanze sieht wie eine kleine Lotusblume aus. Sie wächst in Seen und wird oft in Gartenteiche gepflanzt. Die Japaner nennen sie den „Schlafenden Lotus“, weil die Blüte sich tagsüber schließt und erst am späten Nachmittag aufgeht. Ein anderer Name für diese Lilie lautet „Ziegengras“, weil sie ihre Blütenblätter gegen zwei Uhr zu öffnen anfängt – nach einer alten chinesischen Tradition zur „Stunde der Ziege“.

Der Stengel ist ungefähr 30 cm lang, und die hufeisenförmigen Blätter schwimmen auf dem Wasser. Den Charakter dieser Blume kann man verstärken, indem man als Gefäß ein flaches Becken benützt. Wenn einige wenige Blätter, eine Blüte und ein oder zwei Knospen auf dem Wasser schwimmen, ist das ein erfrischender Anblick.

Japanische Schönfrucht *(Callicarpa japonica).* Diese abfallende Staude wächst auf Sumpfgelände oder an Uferbänken. Sie wird ungefähr 3 m hoch und hat kleine purpurne Blüten, die in Trauben im Juni blühen. Im Herbst trägt diese Pflanze Trauben purpurroter Beeren. Entweder eine hängende oder am Haken befestigte Vase mit passender *nejime* kann die Schönheit dieser Blumen besonders hervorheben.

Nelke *(Lychnis Migueliana).* Diese mehrjährige Nelkenart findet man in halbschattigen Gebieten des Hügellands. Die Stengelansätze sind purpurn-schwarz, und an der Spitze jedes Stengels blühen mehrere zarte lachsrote fünfblättrige Blüten. Diese Blume wird hauptsächlich als *nejime* verwendet, oder sie wird mit anderen Blumen in einem Korb arrangiert.

Chinesischer Eidechsenschwanz *(Saururus chinensis)* ist eine duftstarke, krautige, mehrjährige Pflanze, die sumpfige Uferzonen bevorzugt. Die eine Hälfte ihrer Blätter wird weiß, was den Ein-

Japanische Zaunwinde

druck eines halb aufgedeckten Frauenantlitzes erweckt. Die Japaner nannten diese Pflanze auf Grund dieses Merkmals kurioserweise „Halbzurechtgemachte" („half make-up").

Diese Pflanze wird ungefähr 70 cm hoch und hat lange, ellipsenförmige Blätter. An der Spitze des Stengels blühen viele kleine weiße Blüten; sie hängt zunächst nach unten, richtet sich dann aber auf. Diese Blume wird vorwiegend verwendet, ehe sie zu blühen anfängt, weil das Halbweiß ihrer Blätter für das Chabana ein interessanter Effekt ist. Wählen Sie einen Stengel aus, an dem zumindest ein weiß gewordenes Blatt hängt. Er kann mit einer Bambus- oder Tonvase verwendet werden; am geeignetsten ist allerdings ein Korb. Entfernen Sie überzählige Blätter, um ihn möglichst ausdrucksstark werden zu lassen.

Japanische Zaunwinde *(Calystegia japonica)*. Die Zaunwinde ist dem Glanz des Morgens verschrieben, eine krautige mehrjährige Pflanze, die man auf Feldern findet. Sie blüht während des Tages und verwelkt gegen Abend. Von daher stammt ihr japanischer Name „Taggesicht". Im Juli blüht entweder eine weiße oder hellrote Blüte mit einem Durchmesser von ungefähr 5 cm seitlich des Blattes. Sie wirkt gut in einer Hängevase oder einer am Haken befestigten Vase. Verwenden Sie ein kleines Bambusstäbchen oder einen Zweig, um den zerbrechlichen, langen, gewundenen Stengel zu stützen.

Britisch-japanischer Alant *(Inula britannica japonica)*. Diese mehrjährige Pflanze wächst auf Feldern und breitet sich rasch mittels ihres unterirdischen Wurzelgeflechts aus. In der Höhe schwankt sie zwischen 30 und 60 cm. Von Juni bis August hat sie gelbe Blüten mit einem Durchmesser von ungefähr 2,5 cm. Diese Blume wird vorwiegend als *nejime* verwendet und verträgt sich mit so gut wie jedem Vasentyp.

Der Herbst

Der Herbst ist am stärksten im Zwielicht.
Das rote Sonnenlicht fällt auf den Rand,
wo Himmel und Berg sich treffen
und läßt sie ganz nah erscheinen.
Wenn die Krähen zu dreien und vieren fliegen
... zu zweien oder dreien...
und in ihre Nester heimkehren,
weckt das in uns ein unaussprechliches Empfinden.
Verschwindet in der Ferne am Himmel
eine Schar wilder Gänse,
rührt dieser Anblick unser Herz.
Nach Sonnenuntergang summt leise der Wind
... Insekten zirpen im Gras...
alles vertieft diese Stimmung: Es ist Herbst.

Sei Shonagon

Gegen Mitte August scheint sich der Sommer hinzuschleppen. Dann erscheint eines Nachmittags eine bauchige Wolke am Himmel, und aus der Ferne hört man ein Donnergrollen. Als Vorbote tränkt ein Regenschauer die glutheiße Erde, und der Regen und eine köstlich erfrischende kühle Brise wirken erleichternd.

Die herbstliche Jahreszeit hat etwas Impressionistisches an sich. In diesen Monaten des Jahres kann man am intensivsten das Dahinfließen der Zeit spüren, und wir werden uns der Hinfälligkeit unseres menschlichen Lebens bewußt. Die vordem üppig gezierten Felder und Gärten werden kahler; wir fühlen uns einsamer, wenn wir merken, daß die Blumen seltener werden, die Bäume ihr Laub verlieren und das ehedem grüne Gras jetzt verdorrt und braun im

Wind weht. Das Zirpen der Insekten wird mit jedem Tag schwächer, und wir wissen, daß sie bald ganz verstummen. In dieser Zeit spürt man das Pathos des Lebens besonders eindringlich: Alles ist im Wandel begriffen, die Welt ist in stetem Fluß, Leben und Tod folgen beharrlich aufeinander.

August

Nach dem Mondkalender ist der 8. August der erste Herbsttag. Die heißesten Sommertage sind vorbei, aber die Hitze brütet noch weiter. Am frühen Morgen und späten Abend weht eine kühle Brise, und man merkt daran, daß der Sommer seinen Höhepunkt überschritten hat. Die Herbstblumen beginnen zu blühen, und man freut sich schon auf das Herbst-Chabana.

Wiesenraute *(Thalictrum aguilegifolium)*. Diese mehrjährige Pflanze aus der Familie der Hahnenfußgewächse erreicht eine Höhe von 90 cm. Sie hat eirunde, drei- oder viergeteilte Blätter und eine große Zahl kleiner weißer Blüten. Von Juli bis einschließlich August blühend, eignet sie sich gut in einem Korb zusammen mit anderen Blumen.

Großer Wiesenknopf *(Sanguisorba officinalis)*. Diese mehrjährige Graspflanze mit einer Höhe zwischen 75 und 100 cm trägt an der Spitze ihres Stengels ein Büschel kleiner dunkelroter Blüten. Sie weckt ein Gefühl des Ländlichen, Schlichten und macht sich am besten, wenn sie mit anderen Blumen in einem Korb gesteckt wird.

Weiderich *(Lysimachia fortunei)*. Dieses mehrjährige Kraut aus der Familie der Primelgewächse wächst in der Umgebung von Sümpfen und trägt im Japanischen den Namen „Sumpftigerschwanz". Dank seines unterirdischen Wurzelgeflechts wächst es in Kolonien. Die einzelnen Pflanzen erreichen eine Höhe von 30 cm, und kleine fünfblättrige weiße Blüten blühen im Juli in Quirlen. Stecken Sie sie mit anderen Blumen in einem Korb.

Indigo *(Indigofera pseudotinctoria)*. Diese mehrjährige Staude

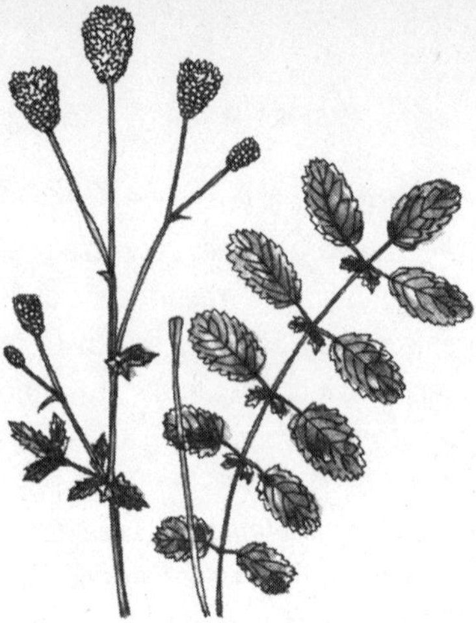

Grosser Wiesenknopf

wächst auf praktisch jedem offenen Feld. Von ihrem Stengel sagt man, er sei stark genug, um damit ein Pferd zäumen zu können; daher ihr japanischer Name „Pferdezaum". Sie erreicht unterschiedliche Höhen zwischen 60 und 90 cm, und von August bis September trägt sie in Quirlen wunderschöne rötlich-purpurne, schmetterlingsförmige Blüten. Passend für sie ist entweder eine Hänge- oder am Haken befestigte Vase, doch macht sich diese Blume auch gut in einem Korbgefäß mit anderen grasigen Blumen.

Kermesbeerspinat *(Phytolacca esculenta)*. Diese abfallende Pflanze findet man auf besonnten Hängen und Feldern. Sie wächst ungefähr 1 Meter hoch, und während der heißen Monate trägt sie an weichen, dicken Stengeln Quirle mit weißen Blüten. Ihre jungen Blätter sind eßbar, und die japanischen Bauern pflanzen sie gelegentlich als Nahrungsmittel an.

Wählen Sie für das Chabana einen nicht zu großen Zweig aus und entfernen Sie einige der größeren Blätter. Diese Blume ist ziem-

INDIGO

lich unscheinbar und wird deshalb von vielen Blumenkünstlern mißachtet. Aber sie eignet sich für das Chabana, weil sie etwas von der Unschuld des wilden Feldes an sich hat. Schneiden Sie den Stengel im Wasser, und verwenden Sie sie mit anderen krautigen Pflanzen in einer Korbvase.

Hibiskus *(Hibiscus syriacus).* Diese abfallende Staude, die in Japan gelegentlich als „Baumlotus" oder „Rose von Sharon" bezeichnet wird, zieht man oft in Gärten. Sie erreicht eine Höhe von ungefähr 3 m. Ihre rötlich-purpurfarbenen fünfblättrigen Blüten blühen von Juni bis Oktober. Andere Sorten tragen weiße, rosa und verschiedenfarbige Blüten, und es gibt auch eine Variante mit doppelten Blüten.

Die für die winterliche Jahreszeit repräsentative Blume ist die Kamelie; für den Sommer ist es der Hibiskus, eine Lieblingsblume für das Chabana. Man könnte sagen, beim Chabana verkörpert der Hibiskus die vergängliche Qualität aller Dinge. Basho schrieb im

17. Jahrhundert: „Die Rose von Sharon / am Straßenrand / frißt ein Pferd ab."

Da der Hibiskus eine weitverbreitete Pflanze ist, bildet er oft lediglich eine Hecke am Feldrain und zieht keine besondere Aufmerksamkeit auf sich. Der Anblick eines Pferdes, das beim Pflügen kurz anhält, um sich von einer Hecke ein Maulvoll abzuknabbern, weckte Bashos poetischen Sinn.

Diese schlichte Blüte wird im Teeraum geehrt. Als Chabana verkörpert sie den Geist des *wabi* und schafft eine Atmosphäre der Reinheit und durchdringenden Ruhe. Gewöhnlich wirkt sie am besten ganz für sich, kann jedoch auch mit anderen Blumen kombiniert werden, sofern man die Vase sorgfältig auswählt. Damit sie gut Wasser zieht, schneiden Sie den Stengel entweder im Wasser ab oder zerfasern das Schnittende.

Der Herbst ist die Zeit des Zwielichts unseres Lebens. Er ist die Zeit der Ernte und Rückschau.

> Kurz also ist die Zeit, die der Mensch lebt
> und klein der Erdenwinkel, auf dem er haust.
> Kurz auch ist selbst der langlebigste Nachruhm.
>
> Marc Aurel

> Selbst im Geist des Geistlosen regt sich Trauer, wenn am Herbstabend die Wasservögel aus dem Sumpf aufflattern.
>
> Saigyo

Der Mond steht im Herbst besonders klar und herrlich am Himmel. Der kalte, weiße Mond tastet durch die Wolken und Zweige hindurch nach unseren Herzen.

HIBISKUS

Schaut man auf den Mond,
mischen sich im sinnenden Geist
Erinnerungen an früher.
Obwohl dieser Herbst nicht für mich allein
gekommen ist,
habe ich das Gefühl, ich sei der einzige,
der diesen Herbst so traurig spürt.
MIBU NO TADAMINE

September

An meinen Fingern zählte ich ab all die Blumen,
die auf der Herbstwiese blühen. Es waren sieben:
Buschklee, Pampasgras und *kuzu*-Rebe,
Prachtnelke, Vierlingskraut, Hasenohr
und die Breitglocke.

(aus dem *Manyoshu*)

Wenn der September kommt, ist die restliche Sommerhitze vollends verschwunden, und es beginnen kühle, erfrischende Tage. Das Summen von Insekten und das Gefühl des frühmorgendlichen Taus verstärken das Herbstgefühl, und die herrlichen Herbstblumen beginnen zu reifen.

Weiderich *(Lythrum anceps)*. Diese Blume wird als der japanischen Buschnelkenfamilie zugehörig betrachtet und als „Waschbuschnelke" bezeichnet. Sie ist mehrjährig, wächst in feuchtem Boden und erreicht ungefähr 1 m Höhe. Gewöhnlich wird sie in Gärten als Blume mit religiöser Bedeutung gepflanzt. Die frühen Arten fangen im Juli zu blühen an, und die Pflanze blüht dann weiter bis Ende September. Ihre Blüten, die in Gruppen von drei bis fünf blühen, sind von rötlich-purpurner Farbe.

Der Weiderich allein gibt nicht die richtige Stimmung für das Chabana, aber zusammen mit anderen Blumen ist er durchaus zufriedenstellend. Geeignet ist eine frei hängende oder eine am Haken befestigte Vase. Besonders schön ist ein korbartiger Behälter, wenn der Weiderich zusammen mit einigen anderen Feldblumen gestellt wird. Das läßt eine Stimmung von wilder, unschuldiger Natur entstehen.

Damit er besser Wasser zieht, schneiden Sie am vorangehenden Abend einen Zweig ab, sengen Sie den Schnitt an und lassen Sie ihn

WEIDERICH

BUSCHKLEE

sich über Nacht im tiefen Wasser vollsaugen; oder Sie zerfasern das Schnittende und lassen es einige Minuten in warmem Wasser. Für ein gutes Wachsen und Blühen im folgenden Jahr sollten Sie nach der Blüte im Spätherbst die Zweige bis auf wenige Zentimeter zurückschneiden.

Buschklee *(Lespedeza acutifolia)*. Im obigen Gedicht aus dem *Manyoshu* führt der Japanische Klee die Liste der sieben Herbstblumen an. Tatsächlich gibt es über diese Blume im *Manyoshu* 137 Strophen, was ihr den Ruf verschafft, die meistgenannte Blume in diesem japanischen Klassiker zu sein. Schon im 8. Jahrhundert war diese Blume sehr beliebt, und sie ist es noch heute.

Der Japanische Klee, auch Hoop-Koop-Pflanze genannt, ist eine Staude, die auf dem gesamten japanischen Festland bis zu einer Höhe von mehr als 1.80 m wächst und von Juli bis einschließlich Oktober rötlich-purpurne Blüten trägt.

Amerikanische Kermesbeere *(Phytolacca americana)*. Sie wird im Amerikanischen auch „poke“ oder „ink-bush“ (Tinten-Strauch) genannt und ist auf dem nordamerikanischen Kontinent heimisch.

Die rosarot-weißen Blüten dieser mehrjährigen Pflanze blühen in Quirlen von Juni bis einschließlich September. Ihre Samenkörner sind purpurrot und nicht besonders für das Chabana geeignet.

Wählen Sie einen kleinen Zweig mit wenig Blättern aus, und verwenden Sie ihn zusammen mit anderen krautigen Blumen in einer Korbvase.

Knollengrische *(Pueraria lobata)* ist ein mehrjähriges Rebengewächs, das auf Hügeln und Feldern wächst. Sein japanischer Name *kuzu* kommt von *kuzu-bito*, einer Bezeichnung der Menschen, die im Gebiet von Nara leben und früher Stärke verkauften, die aus dieser Rebe gewonnen wurde. Im Herbstwind flattern seine großen Blätter und zeigen ihre weiße Unterseite. Diese Pflanze wächst reichlich in ganz Japan; sie weckt ein Gefühl wilder Stärke und hellt die Jahreszeit kurz vor dem Winter auf. Aus ihren Wurzeln gewinnt man die Knollengrischen-Stärke, die auch als Medizin oder Gewürz verwendet wird. Die Rebe wird bis zu ungefähr 6 m lang und trägt von August bis September rötlich-purpurne, schmetterlingsförmige Blüten, die den Blüten mancher Bohnenarten gleichen.

Viele Chabana-Freunde übersehen diese Blume, aber sie ist wunderschön und besitzt eine unaufdringliche Anmut. Wichtig ist, daß ihre Blätter sorgfältig angeordnet werden. Man kann eine frei hängende oder eine am Haken befestigte Vase benützen, oder man kombiniert die Rebe mit anderen Blumen in einer größeren Vase.

Ich trat aus diesem schwierigen
Zen(-Kloster)-Tor und siehe:
die *kuzu*-Blume.

KNOLLENGRISCHE

Der Dichter Takahama Kyoshi hatte mehrere Stunden im Kloster geweilt und dem Abt „wichtige" Fragen gestellt. Als Antwort hatte ihm der Abt eine Schale *cha* angeboten und viel über nichts geredet. Beim Verlassen des Klosters trat Kyoshi aus dem Tor und bemerkte plötzlich am Straßenrand eine *kuzu*-Blume in voller Blüte. Er mußte sie schon vorher gesehen haben, aber da hatte er noch nicht auf sie geachtet.

Knöterich *(Polygonum filiforme)*. Eine krautartige Pflanze, die für das Chabana sehr geschmackvoll ist. Diese Knöterichart wird 50 bis 75 cm hoch und trägt längs eines langen, dünnen Stiels viele kleine rote, weiße oder gelegentlich fast schwarze Blüten.

Entfernen Sie die unteren großen Blätter und lassen Sie nur zwei oder drei am Stengel der Blume stehen. Am besten steckt man den Knöterich in einer Korbvase zusammen mit anderen grasigen Sommerblumen.

Prachtnelke *(Dianthus superbus)*. Diese mehrjährige Blume findet sich im Hügel- und Flachland. Oft wird sie als Symbol naiver und anmutiger Weiblichkeit verwendet. Die frühen Arten fangen schon im Juni zu blühen an, und die Blüte dieser anmutigen Blumen dauert bis in den Oktober an. Je nach Standort variiert ihre Farbe von dunkelrosa bis fast weiß. Eine andere Variante ist rein weiß; sie wächst hoch in den Bergen. Alle eignen sich gut zum Chabana.

Die Prachtnelke wird in erster Linie als *nejime* verwendet. Ein Gefäß vom Korb-Typ bringt die Eigenart dieser Blume am besten zum Ausdruck. Pflücken Sie diese Blume frühmorgens, und weichen Sie sie längere Zeit ganz im Wasser ein, damit sie gut aufnimmt.

Hokyoji-Nelke *(Dianthus isensis)*. Diese Blume ähnelt der gewöhnlichen Nelke, aber die Enden der Blütenblätter sind wie Fäden und hängen lose herunter, was der Blume ein welkes, zartes Aussehen verleiht. Manchmal werden diese fadenartigen Blütenblätter fast 20 cm lang. Berühmt für diese ungewöhnliche Nelkenart ist das Nonnenkloster von Momo-Gosho, Hokyoji in Kyoto. Die dortigen buddhistischen Nonnen züchten sie, wodurch sich den Pilgern im Frühherbst ein besonders schöner Anblick bietet.

Eulalia, japanisches Pampasgras *(Miscanthus sinensis)*. Dieses mehrjährige Gras wächst auf Feldern und Hügeln. Im *Manyoshu*-Gedicht „Sieben Herbstblumen" steht es an zweiter Stelle, und zwar stellvertretend für die herbstliche Landschaft. Für heutige Dichter ist es ein Lieblingsgegenstand, etwa für Issa:

> Das Pampasgras im Wind
> winkt Lebwohl, Lebwohl
> dem scheidenden Herbst.

Dieses wilde und doch sanfte Gras verwendet man für das Chabana bereits zu der Zeit, in der es seine Federn noch nicht entfaltet hat, und dann bis in die letzten Tage der Jahreszeit hinein, wenn es völ-

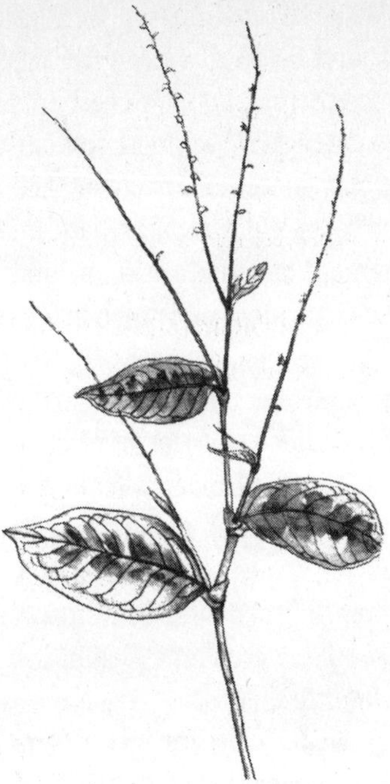

Knöterich

Prachtnelke

lig vertrocknet und gelblich geworden oder sogar durch den ersten Frost rötlich gefärbt ist. Die Vase sollte aus leichtem Bambus oder Ton sein. Dieses Gras sieht auch gut aus, wenn es mit anderen grasigen Blumen zusammen in einem Gefäß vom Korb-Typ arrangiert wird. Da seine langen, schlanken Blätter sein „Leben" ausmachen, achten Sie darauf, daß Sie diese möglichst ausdrucksstark stecken. Man muß sich keine Sorgen machen, daß es gut Wasser zieht.

Wenn das Pampasgras über dem Garten, auf freiem Feld oder am Flußufer weht und der Herbstwind mit seinen vertrockneten braunen, schlanken Blättern und ihren silbernen Federn spielt, zeigt dieser Anblick an, daß der Herbst fast vorüber ist und der kalte, strenge Winter vor der Tür steht.

Vierlingskraut *(Patrinia scabiosaefolia)* ist eine harte, krautige mehrjährige Pflanze, die auf Hügeln und Feldern wächst. Sie hat einen betörenden Charme, doch kann man sie nicht als besonders schön bezeichnen. Der japanische Name für das Vierlingskraut lautet „Mädchenblume“, was sich aus dem eindrucksvollen Anblick der Blume ableitet, wenn sie im mürrischen Herbstwind zittert. Im *Manyoshu* beziehen sich 12 Strophen auf das Vierlingskraut, und von alters her wurde es in Liedern wie Gemälden mit Frauen in Verbindung gebracht.

Die Blätter sprießen im Frühjahr, und im Lauf des Sommers wachsen die Stengel bis zu ungefähr 1 m hoch. Im Herbst erscheinen an der Spitze des sich gabelnden Stengels Dolden kleiner gelber Blüten, als sei er mit Hirsekörnern besetzt. Seit neuestem wird das Vierlingskraut von Gärtnern gezogen, die es bereits ab Anfang Juni verkaufen. Doch die vermarkteten Blumen sind überernährt und zu grob. Sie vermitteln nicht das stille, verhaltene Gefühl der Blumen, die man draußen in freier Natur findet.

Verwenden Sie für diese Blume entweder eine Ton- oder Bambusvase. Ein korbähnliches Gefäß harmonisiert mit dem Vierlingskraut am besten, wenn es mit anderen herbstlichen grasartigen Blumen kombiniert wird.

Nebeldost *(Eupatorium Fortunei)*. Der Nebeldost, eine mehrjährige Pflanze aus der Familie der Korbblütler, stammt aus dem alten China. Er wächst im offenen Feld und an Flußufern. Im *Manyoshu* wird er nur in einer einzigen Zeile erwähnt, nämlich im Gedicht „Sieben Herbstblumen“.

Seine Blüte ist zartpurpurn und gleicht etwas der des Vierlingskrauts. In China wird er „Orchideengras“ oder „Duftgras“ genannt, weil die getrockneten Stengel und Blätter einen starken Duft verströmen, wenn man sie zerreibt. Die getrocknete Wurzel wird als harntreibende Arznei verwendet.

Die Pflanze wird bis zu 1 m hoch, ihre Blüten blühen doldenför-

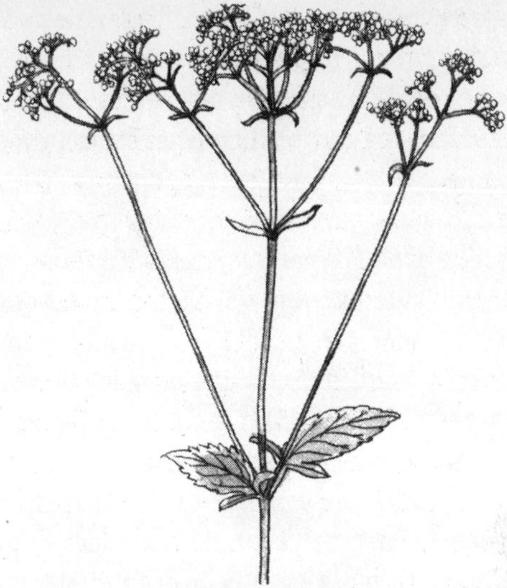

Vierlingskraut

mig. Geeignet ist eine Ton- oder Bambusvase, aber genau wie das Vierlingskraut macht sie sich am besten, wenn man sie mit anderen Blumen zusammen in einem korbähnlichen Gefäß steckt.

Breitglocke *(Platycodon grandiflorum)*. Diese mehrjährige Pflanze wird oft in Hausgärten gezogen. Sie wird im Gedicht „Sieben Herbstblumen" als letzte genannt. Ihr heutiger japanischer Name lautet *kikyo*.

Issa hat sie so beschrieben:

Die *kikyo* blüht
munter und hübsch.

Gewöhnlich blüht sie von Juli bis Oktober. Sie ist purpurrot, zartpurpurn oder weiß und kommt in einer einfachen und doppelstengligen Variante vor.

Breitglocken machen sich in fast jeder Vase attraktiv und werden oft als *nejime* verwendet. Auch zusammen mit anderen grasigen Blumen in einem Korbgefäß sehen sie sehr gut aus. Damit sie gut Wasser ziehen, tauchen Sie den beschnittenen Stengel vor dem Gebrauch in heißes Wasser.

Ostindischer Knöterich *(Polygonum orientale)*. Diese einjährige Pflanze mit großen Blättern wird gewöhnlich nicht für das Chabana verwendet. Doch wenn man die Blüten und Blätter während des Sommers abschneidet, werden ihre nachtreibenden Blüten kleiner, wodurch sie für das Stecken hervorragend wird. Sie weckt eine nostalgische Stimmung mit einem Schuß Wildheit.

Als Vase sollte man für diese Blume ein anmutiges Ton- oder Bambusgefäß nehmen, oder man kann sie zusammen mit anderen Blumen in einen Korb setzen. Gegen Ende des Herbstes, wenn die Blätter vom Frost gelblich-rot gefärbt sind, kann der Ostindische Knöterich eine nachhaltige Herbststimmung schaffen.

Hahnensporn *(Isodon longitubus)*. Dieses mehrjährige Kraut wächst in Bergregionen und hat im Herbst kleeförmige Blüten. Hoch wird es zwischen 50 bis 75 cm, und ab September blühen daran in dünnen Rispen tief purpurrote Blüten, die wie Lippen aussehen. Diese Blume kommt am besten in einem schlichten Behälter vom Korb-Typ zur Geltung.

Springkraut *(Impatiens textori)* ist ein einjähriges Kraut, das man in feuchten Wiesen- und Talgründen findet. Es wird ungefähr 50 cm hoch. Von August bis September treibt es bootsförmige purpurne Blüten, die an dünnen Stengeln herabhängen. Diese Blume ist etwas mühsam zu handhaben, aber für sich allein kann sie mit einer passenden Vase sehr wirkungsvoll sein. Man kann sie auch in einem Korbbehälter mit anderen Wiesenblumen zusammen stecken. Das Springkraut ist sehr zerbrechlich und nimmt nur schwierig Wasser auf.

Springkraut

Downyhair *(lat. Name fehlt)*. In alter Zeit wurde diese Blume als Heilpflanze angebaut. Heute findet man dieses mehrjährige Kraut auf den Feldern. Es wird ungefähr 30 cm hoch. Von August bis Oktober hat sie weiße oder manchmal auch rosa Blüten mit einem fischgratähnlichen Deckblatt. Das Downyhair ist eine sehr unscheinbare Blume. Wenn man sie als Chabana verwendet, sollte man sie mit einer farbkräftigen Blüte oder mehreren anderen grasigen Blumen in einem Korb verwenden.

Oktober

Der Spätherbst ist die bezauberndste Zeit des Jahres. Es bereitet eine angenehme Überraschung, zwischen den vom Frost rotgefärbten Blättern einige Blumen blühen zu sehen.

Sumpf-Herzblatt *(Parnassia palustris).* Dieses Kraut wächst an sonnigen Berghängen und ist mehrjährig. Sein japanischer Name lautet „Zwetschgenblütengras", weil seine Blüte der Zwetschgenblüte ähnelt. Das Sumpf-Herzblatt wird nur 10 bis 12 cm hoch und treibt in der Zeit von September bis Oktober am Ende jedes schlanken Stiels eine einzelne Blüte und ein einziges Blatt. Die übrigen Blätter befinden sich an der Basis des Stiels. Es ist eine sehr anmutige Blume, die jedoch schwierig zu verwenden ist. Am besten eignet sich ein schlichtes korbähnliches Gefäß.

Dreihöckerblume *(Tricyrtis macropoda).* Diese Blume erinnert einen an ein Kuckucksjunges, weshalb sie die Japaner als „Kuckuck" bezeichnen. Es ist ein mehrjähriges Kraut, das von August bis Oktober mit einer gelben Blüte blüht, die auf der Innenseite ihrer Blütenblätter purpur-braun gesprenkelt ist.

Sie harmoniert mit fast jedem Vasentyp und eignet sich auch gut als *nejime*, oder man kann sie zusammen mit anderen Blumen in einem Korb verwenden. Schneiden Sie den Stiel im Wasser, damit sie besser Wasser zieht.

Echter Baumwürger *(Celastrus orbiculatus).* Bei dieser Rebenart handelt es sich um eine abfallende Staude, die im Spätherbst kleine gelbe und rote Früchte trägt. Ihre Blüten ähneln der Pflaumenblüte. Daher wird sie auf Japanisch als „pflaumen-imitierende Rebe" bezeichnet. Zur Verwendung für das Chabana eignet sie sich am

Dreihöckerblume

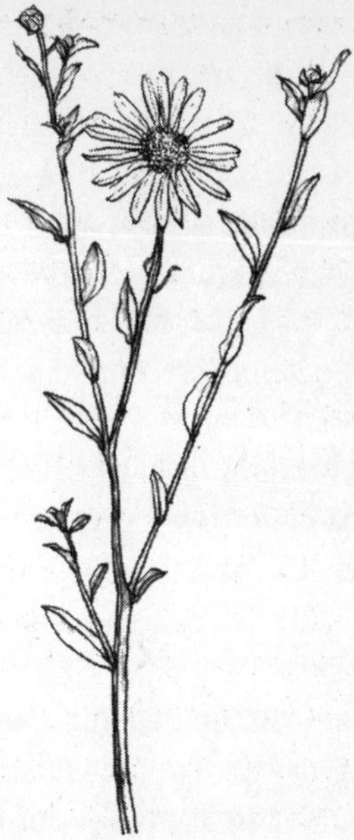

Aster

besten, wenn sie ihre Früchte trägt, und nicht, wenn sie in Blüte steht.

Diese Staude wird ungefähr 1.80 m hoch. Gegen Mai blühen kleine gelbgrüne Blüten. Jede Art Vase ist dafür geeignet. Beim Stecken des Echten Baumwürgers ist es wichtig, auf die Verwendung der Blätter zu achten. Wenn Sie sie als *nejime* wählen, suchen Sie sich dazu eine Blume mit passender Farbe aus.

Aster *(Aster)*. An den Rändern von Landstraßen und auf Feldern und Hügeln wachsen mehrere Varianten zart-purpurner und weißer Blumen, die wie kleine Chrysanthemen aussehen. Manche von ihnen haben vielleicht nicht einmal eigene Namen, aber als Sammelbegriff verwenden die Japaner für diese vergessenen anmutigen Blumen den Namen „Feldchrysanthemen".

Enzian *(Gentiana)*. Der Enzian ist ein mehrjähriges Kraut der Berge. Seine Wurzel hat einen bitteren Geschmack; die Chinesen nennen sie „Drachenleber". Mehrere Varianten eignen sich ausgezeichnet zum Chabana; vorwiegend werden sie als *nejime* verwendet.

Enziane wirken auch anmutig, wenn man sie zusammen mit anderen Blumen in einem Korb verwendet. Wenn seine Blätter im Spätherbst ins Braunrote verfärbt sind, verleiht das dem Enzian eine besondere Aura, die ein Gefühl des Schwindens des Herbstes weckt.

Neuerdings haben die Floristen begonnen, Enzian schon bis Juli zur Blüte zu bringen. Doch den künstlich gezogenen Blumen fehlt die gewisse Lebendigkeit ihrer wild wachsenden Geschwister. Sengen Sie den Stil, damit er besser Wasser zieht.

Chinesische Begonie *(Begonia Evansiana)*. Die Begonie ist ein saftiges Kraut, das in hunderten von Spielarten über den ganzen Globus verstreut ist. Die auf Farbtafel 9 dargestellte Art ist abfallend, trägt hellrosa Blüten und grüne Blätter, die auf der Unterseite rotgeädert sind.

Die Blätter haben die Form von Elefantenohren und hängen herab, weshalb die Pflanze traurig und verloren wirkt und ihr naives Wesen unser Mitgefühl weckt. Jede Art Vase, ausgenommen eine bronzene, kann verwendet werden.

Okera *(Atractylodes japonica)* ist der japanische Name für ein mehrjähriges Kraut aus der Familie der Korbblütengewächse, das man an sonnigen Gebirgshängen im Herbstwind schwanken sieht. An der Spitze eines dünnen, ungefähr 50 cm hohen Stengels blühen einige wenige weiße Blüten.

Diese unschuldige Blume macht sich gut zusammen mit anderen grasigen Herbstblumen in einer Korbvase. Entfernen Sie die unteren großen Blätter, und schneiden Sie den Stengel im Wasser, damit er besser Wasser zieht.

Der Winter

Am schönsten ist der Winter am frühen Morgen.
Es ist köstlich, die Augen zu öffnen und zu sehen:
Alles ist weiß mit Schnee überzogen.
Wenn der Grund vom weißen Frost gehärtet ist,
man rasch ein Feuer entfacht
und mit dem Kohlenkorb in der Hand
ums Haus eilt,
ist das ein wunderbares Gefühl und ein anmutiger Anblick,
nur an winterlichen Morgen zu genießen.
Wenn gegen Abend die Luft sich erwärmt hat,
ist es weniger schön, das Feuer zu sehen,
das in weißer Asche erloschen ist.

Sei Shonagon

Zur Heian-Zeit, in der Sei Shonagon lebte, pfiff der kalte Wind erbarmungslos durch das zugige Haus. Der Winter war streng, und man konnte noch so viel heizen, besonders warm wurde es in der Wohnung nie. Die Häuser auf dem Land sind heute noch nicht viel anders.

Die Tage werden kurz, und die Winterkälte scheint für immer anzudauern. Wenn das Jahresende naht, tut man sich schwer, genau den Zeitpunkt festzusetzen, an dem ein weiterer Lebensabschnitt beginnt. Man wünscht, nie älter zu werden und an das Abspulen der Zeit nur durch den fernen Klang der Tempelglocke erinnert zu werden, die am eisigen Vorabend von Neujahr das Schweigen durchbricht.

November

Ist der November gekommen, so sind die einsam blühenden Herbstblumen verschwunden. Die kalten Wintertage fangen an. Das ist die Zeit, in der man eine warme Herdstelle dankbar begrüßt.

Für Chanoyu-Freunde ist der November ein geschäftiger Monat. Zur Rüstung für die kalte Jahreszeit müssen der Verputz des offenen Kamins instandgesetzt, die den Boden bedeckenden *tatami* erneuert, die Papierschiebetüren frisch bespannt und die Bambus-Regenrinnen durch frischen grünen Bambus ersetzt werden. Nach allen diesen Vorbereitungen für die Zeremonie, die die nachfolgende kältere Halbjahressaison eröffnet, wecken *chashitsu* und Garten ein Gefühl glänzender Frische. Jetzt ist es soweit, daß man das Siegel am Glasbehälter voller *cha*-Bätter aus der Ernte des Vorjahres erbricht, frisch gemahlenen *cha* zubereitet und den Gästen anbietet.

Das Chabana für die kältere Jahreszeit besteht vorwiegend aus Baum- und Buschzweigen.

Buddleia *(Buddleja japonica)*. Dieser Busch bringt stattliche schlanke Blüten in kräftiger bläulich-purpurner, weißer oder hellgelber Farbe hervor. Er ist gewöhnlich abfallend, aber gelegentlich gibt es ihn auch als halb-immergrünen Baum oder Strauch. Seine Blüten hängen quirlig herab.

Er wächst in gut gewässertem Boden an sonnigen Plätzen. Von diesem Busch gibt es insgesamt an die 100 Varianten in Asien, Afrika und Amerika.

Die Buddleia eignet sich sehr gut als *nejime* in einem Korb zusammen mit grasigen Herbstblumen.

Geflügelter Spindelbaum *(Euonymus alatus)*. Ein abfallender Strauch im Flachland und an Hängen. Wenn sich im Herbst seine

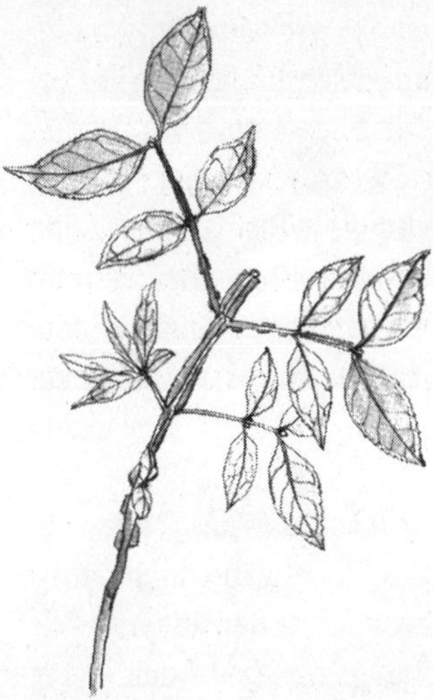

Geflügelter Spindelbaum

Hiobstränen

Blätter verfärben, ähnelt er einem farbenprächtigen Brokatstoff. Daher stammt sein japanischer Name „Brokatbaum“.

Dieser Busch wird über 1.80 m hoch, und seine Äste mit zwei oder vier korkenzieherartigen Seitenflügeln machen ihn zu einer interessanten Sorte. Im Mai blühen daran kleine, zartgelbe Blüten, aber zu dieser Zeit eignet sich die Pflanze nicht für das Chabana. Sie wird erst verwendet, wenn die Blätter im Herbst angefangen haben, sich karmesinrot zu verfärben.

Hiobstränen *(Coix Lacryma-Jobi)*. Eine mehrjährige und/oder einjährige Pflanze, die an Flußufern und in Sumpfgebieten wächst. Im Japanischen wird sie als „Rosenkranzperlen“ oder „Chinaweizen“ bezeichnet. Am Ende jedes Stengels entwickelt sich eine harte runde Hohlkugel, durch die eine Sehne verläuft. Zieht man die

Sehne heraus, so entsteht ein Loch. Man kann diese Kugeln auf eine Schnur aufziehen und hat damit einen „Rosenkranz".

Dieses Gras wächst bis zu 1 m hoch. Die frühen Sorten fangen im August zu blühen an, wobei die Blüten aus der Mundöffnung des Halms herausquellen. Die Frucht ist zunächst grün, aber später verfärbt sie sich zu weichem Gelb, dann in glänzendes Schwarz und schließlich im Spätherbst zu Aschenweiß.

Ton- und Porzellanvasen sollte man für diese Pflanze vermeiden. Um den natürlichen, groben Charakter dieser Blume deutlich hervorzuheben, wählen Sie am besten eine *nejime* mit einem Schuß Farbe und entfernen die überzähligen Blätter. Die Hiobstränen verwendet man vorzugsweise dann, wenn ihre Perlen glänzend schwarz geworden sind.

Behaarter Mennig *(Agrimonia pilosa).* Eine zähe mehrjährige Pflanze der gemäßigten Klimazone, die zwischen den anderen Wiesenkräutern in der prallen Sonne blüht. Blätter und Stiele haben winzige Borsten, die Blüten sind gelb.

Der Mennig ist keine ins Auge fallende Pflanze, aber zusammen mit anderen grasigen Herbstblumen in einer Korbvase wirkt er sehr schön.

Spindelbaum *(Euonymus Sieboldianus).* Dieser abfallende Strauch wird über 1.80 m hoch. Im Frühsommer treibt er kleine grünlichweiße vierblättrige Blüten. Der weibliche Strauch trägt von Oktober bis November zartrote Früchte. Diese fast würfelförmigen Früchte hängen in Fülle an den Zweigen; nach einiger Zeit entlassen sie rote Samenkörner.

Diesen Strauch bringt jeder Vasentyp zur Geltung, ausgenommen die Korbform. Wählen Sie einen elegant geschwungenen Zweig aus, und suchen Sie sich für die *nejime* eine späte Herbstblume oder eine weiße Kamelie.

Dezember

Im Dezember vertieft sich der Winter. Alles in der Natur scheint zum Erliegen zu kommen. Nur der Mensch ist tätig, und er scheint die Natur hinter sich gelassen zu haben. Sich während dieser geschäftigen Tage die freie Zeit zu nehmen, um mit einigen gleichgesinnten Freunden beim „Überwintern" in der entspannten Atmosphäre eines verschneiten Wintertages eine Schale Tee zu genießen, ist eine ästhetische Erfahrung, die man nur mit lebhafter Poesie beschreiben kann.

Hasel *(Corylus Thunbergii).* Dieser abfallende Busch aus der Familie der Birkengewächse wächst an sonnigen Stellen im Hochland. Seine Blätter sind gerunzelt, und aus dieser Eigenart ist sein japanischer Name „Runzelblätter" abgeleitet. Manche dieser Pflanzen erreichen eine Höhe von fast 5 m; ihre Frucht ist eßbar.

Die Form dieser Pflanze ist im Spätherbst sehr anmutig, vor allem, wenn ihre Blätter gelb und verwelkt sind und womöglich Wurmfraßstellen aufweisen. Ein Zweig nur mit trockenen Blättern und ohne Knospen ist nicht besonders geschmackvoll. Passend dazu ist entweder eine Ton- oder Bambusvase; als *nejime* eignen sich Kamelien gut.

Judith-Kamelie *(Camellia wabiske).* Diese spezielle weiße Kamelie wird von Chanoyu-Liebhabern sehr geschätzt. Der Grund dafür ist, daß bei ihr nicht wie bei den anderen Kamelien in der vollen Blüte die Blütenblätter ganz auseinandergehen, sondern sie öffnet diese nur leicht und bleibt in dieser Stellung. Daher wirkt diese Blume sehr bescheiden und zurückhaltend. Wegen dieser Eigenart gaben ihr die Chanoyu-Freunde den Namen *wabi-suke*, „schlichter, stiller Freund".

An einem der Untertempel des Daitokuji-Tempels blüht immer noch ein riesiger von Hideyoshi gepflanzter Baum dieser Kamelie alljährlich ganz herrlich.

Oily Gum *(Parabenzoin preacox).* Diesen abfallenden Busch nennen die Japaner *abura-chan. Abura* bedeutet Öl, und *chan* ist ein Pech, das man aus Baumharz und Öl herstellt. Rinde und Samen dieses Baumes sind ölhaltig und brennen gut, ähnlich wie Pech. Der Baum wird bis zu knapp 4 m hoch und hat eine aschbraune duftende Rinde. Im Winter fallen alle seine Blätter ab, aber unverzüglich erscheinen neue Knospen. Von Februar bis März blühen kleine grüngelbe Blüten vor den neuen Blättern.

Diese Pflanze läßt sich ab November bis zum April des nachfolgenden Jahres nutzen, aber die beste Zeit, ihn schmuckvoll einzusetzen, ist gegen Dezember und Januar, wenn die jungen Blüten knospen. Ergänzt wird er am vorteilhaftesten durch kleine Chrysanthemen oder eine Kamelien-Spielart. Dazu paßt so gut wie jeder Vasentyp.

Japanische Erle *(Alnus japonica).* Dieser abfallende Baum, ein weiteres Mitglied der Familie der Birkengewächse, ist in Wäldern und Feldern heimisch und wächst besonders gut in feuchtem Boden. Er wird ungefähr 6 m hoch und trägt dunkle purpurbraune kegelförmige Blüten.

Französische Narzisse *(Narcissus tazetta).* Das Herkunftsland der Narzisse ist Südeuropa. Die Blüten sind zu Anfang niedriger als die Blätter, aber wenn der Frühling naht, wachsen sie über die Blätter hinaus. Die Frühformen fangen bereits im Spätherbst zu blühen an.

Der japanische Name für diese Blume ist *suisen*, und sowohl das deutsche wie das japanische Wort mit seinem scharfen S-Laut klingt wie ein kühler Zischton. Das inspirierte die beiden folgenden Gedichte von Kaga no Chiyo:

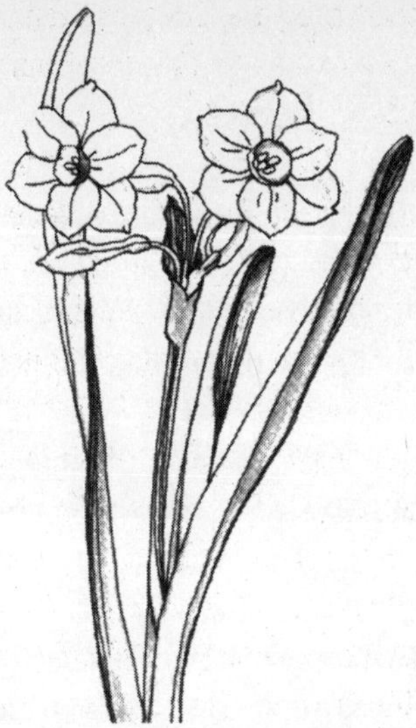

Französische Narzisse

Narzisse – wie zeitgerecht,
daß du im Winter geboren wirst.

Suisen – schon der Klang
deines Namens
fühlt sich kalt an.

Während der winterlichen Jahreszeit, wenn es nur spärlich Blumen gibt, ist die reine und würdevolle Narzisse höchst willkommen. Sie kommt am besten in einer flaschenförmigen Vase zur Geltung, und eventuell kann man ihr als *nejime* eine kleine Kamelie beifügen.

Januar

Das Jahr geht schnell dahin. Ein neues Jahr beginnt. Für die Japaner ist die Neujahrszeit die wichtigste Zeit des Jahres, und das Chabana für die Neujahrsfeier ist ein wesentlicher Faktor zur Schaffung einer angemessenen Atmosphäre für den Beginn des neuen Jahres.

Napoleonsweide *(Salix babylonica).* Der lange, schlanke Zweig einer Weide ist ein Muß für die Neujahrsdekoration. Zwei oder drei ungefähr 3 m lange Zweige genügen. Man wählt ihre Länge je nach Größe des Raums, in dem das Chabana steht. Als Vase wird ein 25 cm langes Stück frischen grünen Bambus hoch oben in der Ecke der *tokonoma* aufgehängt, und darin werden die Weidenzweige gesteckt, so daß sie herabhängen. Der kürzeste Zweig wird leicht oberhalb der Mitte (das hängt davon ab, wie man am besten ein genaues Gleichgewicht erreicht) zu einer Schlinge mit ungefähr 28 cm Durchmesser gebogen, und die anderen herabhängenden Zweige werden durch die Schlinge gezogen. Man festigt die Schlinge, indem man sie mit den anderen Schmuckzweigen locker zwei- bis dreimal umwickelt. Wenn man in Japan etwas zusammen- oder eine Beziehung knüpft, heißt das, man macht ein Versprechen, und das ist ein Glückssymbol.

Die frische grüne Bambusvase, die man zu diesem Anlaß verwendet, sollte man nach der Feier nicht wegwerfen. Mit ein wenig Bearbeitung wird aus diesem Bambusstück eine ansehnliche Vase für das Chabana. Um aus dem frischen Bambus das Öl zu entfernen, erhitzen Sie ihn über einem Feuer, ohne ihn ankohlen zu lassen, und wenn das Öl heraustropft, wischen Sie dieses mit einem weichen, saugkräftigen Tuch ab. Trocknen Sie die Vase dann in der Sonne, bis der Bambus sich gelbweiß verfärbt.

HECKENKIRSCHE

Japanische Pflaume *(Prunus mume).* Diese Blüte war von alters her bei der Bevölkerung sehr beliebt. Mit ihrem milden, frischen Duft ist sie die erste aus der Fülle der Blüten, die das Kommen des Frühlings ankündigen. Zusammen mit Kiefer und Bambus ist sie ein Muß für die Neujahrssaison. Die Kombination von Kiefer, Bambus und Pflaume ist das traditionelle Blumengebinde, das in Japan als Symbol des Glücks gilt.

Es gibt zahlreiche Varianten der Japanischen Pflaume: rote, rosarote und weiße; einfache oder doppelte. Von allen diesen Varianten eignet sich jedoch die auf Japanisch als „Feld-Pflaume" *(no-ume)* bezeichnete mit ihre weißen fünfblättrigen Blüten am besten für das Chabana.

Selbst wenn der Zweig unregelmäßig und verkrümmt ist, verwenden Sie ihn, wie er ist. Seine verkrümmte Form hat ihre eigene

Schönheit. Sind die Blüten aufgegangen, verwendet man die Pflaume ohne *nejime.* Die Wahl der Vase ist nicht einfach, wenn man die Blüten für sich verwendet. Hat der Zweig noch harte Knospen, dann eignen sich am besten Kamelie, Primel und Shortia als *nejime.* An einem verschneiten Tag wirken wahrscheinlich rosarote Blüten erfreulicher als weiße.

Heckenkirsche *(Lonicera glabra).* Dieser Baum wächst im Berg- und Flachland. Von den Japanern wird er zuweilen „Grasmückenbaum" genannt, denn seine Blüten springen im frühen Frühjahr auf, wenn gerade die Grasmücke zu singen anfängt. Er wird bis zu 1 m hoch. Frische Blätter treibt er schon ab Dezember. Ab Januar fangen kleine, zarte, hellrote Blüten zu blühen an.

Zweige mit dieser zarten Blüte passen gut in einfache Ton- oder Bambusvasen. Dünnen Sie die kleinen Zweige sorgfältig aus. Als *nejime* wirkt eine einzelne Kamelie ausgezeichnet.

Verbotene Blumen

Stark duftende Blumen, Blumen mit unangenehm klingenden Namen oder Namen mit unerwünschten Nebenbedeutungen; Blumen, die keiner festen Jahreszeit zuzuordnen sind, sowie Pflanzen, die Früchte oder Beeren tragen, gelten als reizlos für das Chabana. Im *Namboroku*, das ein Schüler des Sen Rikyu geschrieben hat, findet sich eine ganze Liste der Blumen, die man für das Chabana meiden sollte.

Die Liste wird angeführt vom Seidelbast *(Daphne odora)*, der einen süßen, aber erdrückenden Duft verströmt. Im *chashitsu* wird kostbarer Weihrauch verbrannt, um die Atmosphäre zu reinigen; der starke Geruch dieser Blüte würde sich mit dem Weihrauch nicht vertragen und die erlesene Stimmung zerstören. Daher sind der Seidelbast und alle anderen stark duftenden Blüten verboten.

Die Skimmia *(Skimmia japonica)* blüht zu allen Jahreszeiten, ist aber für das Auge nicht sehr gefällig. Sie ist wegen ihres „jahreszeitlosen“ Status verboten.

Der Hahnenkamm *(Celosia cristata)* ist unbrauchbar, weil er, wie sein Name besagt, aussieht wie der Kamm eines Hahns. Außerdem ist seine Farbe zu aufdringlich.

Das Vierlingskraut (siehe S. 98) steht zwar auch auf der Liste der verbotenen Blumen, wird aber dennoch ziemlich oft benützt. Läßt man es einen oder mehrere Tage lang in der Vase, so fängt es an, einen unangenehmen Duft zu verströmen. Wenn man es verwendet, sollte man es deshalb nicht lange im Raum lassen.

Der Granatapfel *(Punica granatum)* ist ein Baum, der grellfarbene Früchte trägt und deshalb verboten ist. Doch sind Fälle überliefert, wo der weiße Granatapfel für das Chabana verwendet wurde.

Die nächste auf der Liste ist die Gelbe Teichrose *(Nuphar japo-*

nicum). Auf Japanisch heißt sie „Flußknochen", weil ihre rebenartigen Wurzeln auf dem Grund des Teichs wie Knochen aussehen. Wahrscheinlich war dieses Wort „Knochen" der Grund, weshalb man sie den verbotenen Blumen zugezählt hat. Überlieferte Berichte zeigen jedoch, das diese Blume von Rikyu in einer Bambusvase verwendet wurde.

Die Ringelblume *(Calendula officinalis)* wird auf buddhistischen Altären als Opfergabe verwendet. Aus diesem Grund und auch, weil sie ohne Rücksicht auf die Jahreszeit blüht, wird sie als für das Chabana unziemlich betrachtet.

Der letzte Name auf Sen Rikyus Liste lautet *senrei-ka.* Man vermutet, daß damit alle grellen Blumen bezeichnet werden, nicht eine bestimmte Art.

Zu den bis jetzt aufgezählten Blumen kommen solche mit Früchten oder Dornen hinzu sowie Blüten, die man als Nahrungsmittel verwendet; sie alle werden gewöhnlich für das Chabana gemieden. Allerdings gilt diese Regel nicht immer ganz streng. Die Chinesische Laternenpflanze *(Physalis Alkekengi)* zum Beispiel trägt gelbe und rote Früchte, verleiht dem *cha*-Raum jedoch eine besonders eindrucksvolle Herbststimmung und kann deshalb als geeignet betrachtet werden.

In der Kategorie der duftenden Pflanzen werden die Rose und die Gardenie als zu aufdringlich für das Chabana erachtet. Doch wenn das Aroma einer stark duftenden Blume angenehm ist und nicht den Duft des im *chashitsu* verbrannten Weihrauchs beeinträchtigt, kann sie tatsächlich die Atmosphäre des *cha*-Raums wohltuend prägen.

Eine lebhaft in einer starken Grundfarbe gefärbte Blume, wie sie für die tropische Flora typisch ist, etwa die tropische Variante der Clematis, wird gewöhnlich für das Chabana nicht verwendet. Doch je nach Anlaß kann man durchaus einmal eine Blume dieses Typs gebrauchen.

Früher wurden gewöhnlich Pflanzen mit spitzen Dornen gemieden, denn alle Blumen waren ursprünglich eine Gabe an den Buddha, und spitze Dornen wurden als unehrerbietig betrachtet. Doch die Quitte (siehe S. 56) wird oft für das Chabana verwendet. Außerdem sind Dornen und harte Borsten im Chabana erlaubt, wenn die Blume als ganze besonders schön ist und mit den anderen Blumen effektvoll harmonisiert. Die Dornen der Quitte sind allerdings zu hervorstechend und störend, weshalb man sie gewöhnlich vor dem Gebrauch abzwickt.

Der Morgenglanz wird im *Namboroku* nicht als verbotene Blume aufgeführt, ist aber im Chanoyu stillschweigend gemieden worden, vermutlich aus Ehrfurcht vor der Seele des Sen Rikyu. Eine Legende erzählt, im 16. Jahrhundert habe Rikyu an einem Sommertag den Shogun Hideyoshi zu einem Morgen-Chanoyu eingeladen, und Hideyoshi habe wißbegierig den Hof betreten, um die Morgenglanz-Blumen zu sehen, von denen er schon so viel gehört hatte. Aber zu seiner Überraschung bot der Garten keine einzige Blume. Er betrat voller Enttäuschung Rikyus *chashitsu* und wurde unverzüglich von der großartigen Blüte eines einzigen Morgenglanzes fasziniert, die im Alkoven gesteckt war und vom morgendlichen Tau glänzte. Rikyu hatte am Tag zuvor alle Morgenglanz-Blumen in seinem Hofe mitsamt ihren Wurzeln entfernt und nur eine einzige übriggelassen, die am nächsten Morgen beim Chabana blühen sollte. Durch diese geistreiche, aber gewagte Vorstellung fühlte sich der mächtige und tyrannische Hideyoshi völlig überrumpelt. Es heißt, das habe seine Verachtung für Rikyu verstärkt und Hideyoshis Beweggründe vermehrt, schließlich Rikyu zum Selbstmord mittels des *seppuku*-Rituals zu verpflichten.

Zu den anderen Pflanzen, die man als unangemessen für das Chabana bezeichnen könnte, gehören die Pestwurz *(Petasites japonicus*, siehe S. 56), der Kürbis und der Flaschenkürbis. Doch können sie alle in einem Chabana-Gesteck wunderschön wirken. Vor allem Kürbis- und Flaschenkürbisblüte sind geeignet, im Herzen die Freude am Herbst zu wecken, wenn sie vom schillernden Morgentau glänzen. Die Regeln der Angemessenheit bestimmter Blüten sollte man also kennen, aber gelegentlich auch zu übergehen verstehen.

Beim Chabana handelt es sich um ein Blumengesteck, bei dem man immer auf das ästhetische Gesamtgefühl des *cha*-Raums bedacht ist. Zudem liegt der Chabana-Ästhetik das Gefühl des *wabi* zugrunde. Daher bemißt sich der Wert eines Gestecks für das Chabana daran, wie weit es den ästhetischen Geschmack des *wabi* an sich hat. Sogar eine sogenannte „verbotene Blume" ist für das Chabana akzeptabel, sofern sie die Atmosphäre des Raums belebt und verstärkt. Der Chabana-Künstler muß immer einen wachen ästhetischen Sinn walten lassen, wenn er die betreffende Blume prüft, und er muß über ein treffsicheres Gespür für Harmonie verfügen, um die richtige Vase wählen und das Chabana wirksam im Raum anordnen zu können. All dies sind unerläßliche Voraussetzungen zur Schaffung eines lebendigen Chabana.

Die Unkrautblüten

Das „Oxford Dictionary" definiert „weeds" als krautartige Pflanzen, die nicht als nützlich oder schön eingeschätzt werden, wild und üppig wachsen, angeblich den Boden belasten oder die Entwicklung höherer Vegetationsformen behindern.

Auf Hügeln, an Wegrändern und selbst auf leeren Bodenflächen zwischen den dichtgedrängten Häusern einer Stadt wuchern zahlreiche Gräser und viele Sorten von Unkraut. Sie mögen über keinen Wert und keine Schönheit verfügen, und ihre Namen mögen nur schwer zu ermitteln sein, aber in der Kunst des Chabana werden sie nicht als minderwertig betrachtet oder leichtfertig abgetan. Steckt man sie mit anderen krautigen Sommer- oder Herbstblumen in ein Gefäß vom Korb-Typ, so können Pflanzen, die man zum Unkraut rechnet, bezaubernde, harmonische Effekte hervorrufen. Schirmsegge *(Cyperus microiria)* und Lieschgras *(Setaria viridis)* gehören zu diesen Pflanzen, die sich im Chabana wunderbar machen (siehe die umseitige Abbildung).

Lieschgras

Schirmsegge

Nachwort

Wenn wir in unseren Wohnungen ein Chabana stecken und seine subtile Schönheit erfahren, macht uns das für unser eigenes Leben wacher. Die anmutigen Blumen, die Wind und Schnee standgehalten haben und aus der Stärke ihrer Lebenskraft in der Freiheit von Himmel und Erde leben, finden ihren Platz mitten im Leben, wenn wir sie in einer mit Ehrfurcht umgebenen Nische in einer Ecke unseres Zimmers aufstellen. Die zurückhaltende Gestalt des Chabana bringt so mitten in unsere vom Mechanischen geprägte Gesellschaft einen Hauch des großartig pulsierenden Lebens.

Wer ehrfürchtig dem ästhetischen Ideal des *wabi* anhängt, liebt die Natur und schaut mit wachem Herzen auf die Blumen. Er hat Hochachtung vor ihrem Leben und empfindet Dankbarkeit für die starke Poesie, die die Wildblumen in sein Dasein bringen. Die stille Schönheit des Chabana ist ein Heiligtum inmitten unserer fiebernden Welt, das unsere rastlosen Triebe zu besänftigen vermag.

Glossar und Ergänzungen

Ashikaga-Zeit: die Zeit von 1338 bis 1573, in der die Ashikaga-Familie das Shogunat innehatte.

Ashikaga Takauji (1305–1358): Samurai aus einer Aristokratenfamilie, der in Kyoto nach dem Niedergang der Minamoto-Familie in Kamakura an die Macht kam. Er förderte den Handel mit China, um die neue Regierung, die er in Kyoto einrichtete, finanzieren zu können.

Ashikaga Yoshihisa (1465–1489): Sohn von Ashikaga Yoshimasa.

Ashikaga Yoshimasa (1435–1490): achter Shogun der Ashikaga-Zeit; erbaute den zweistöckigen Tempel, der als der „Silberne Pavillon" bekannt wurde, und gilt als erster Förderer des Chanoyu im *wabi*-Eremitagen-Stil, wofür er eines der kleinen Häuser seines Landsitzes verwendete.

Das Buch vom Tee: ein 1906 von Okakura Kakuzo verfaßtes Buch über die Kunst und Philosophie des Chanoyu. Eine deutsche Übersetzung ist 1997 bei Herder/Spektrum unter dem Titel *Ritual der Stille. Die Tee-Zeremonie* erschienen.

cha: japanischer, oftmals grüner Tee

chaire: kleine Lack- oder Keramik-Teebüchse

Chanoyu: die Kunst des Teegenusses mit Freunden; wörtliche Bedeutung: „das heiße Wasser für den Tee".

chashitsu: Raum, in dem ein Chanoyu veranstaltet wird.

chawan: henkellose Schale für Tee oder Nahrung.

Daitokuji (Tempel): einer der zen-buddhistischen Haupttempel in Kyoto, der für seine Chanoyu-Tradition bekannt ist.

dobo: Leibdiener der Ashikaga-Familie, Berater des Shogun in Kunstfragen

Eisai (1141–1215): Priester, der die Rinzai-Schule, eine der drei wichtigsten Zen-Schulen in Japan, aus China einführte.

Fujiwara Ietaka (1158–1237): Dichter der Fujiwara-Familie, zusammen mit Fujiwara Teika u.a. Kompilator der Anthologie *Shinkokinshu.*

Fujiwara Teika (1162–1241): Dichter aus der Fujiwara-Familie, der vielbeachtete Bücher über Poesie schrieb.

Goldener Pavillon: von Ashikaga Yoshimitsu erbauter zweistöckiger Tempel; vollständig mit Blattgold bedeckt und auf seinem Anwesen gelegen; dort wurden prunkvolle Chanoyu-Feste veranstaltet.

hana: Blume(n)

Higashiyama Bunka: Kultur, die zur Zeit des Ashikaga Yoshimasa in Blüte stand.

hijiri: Mensch, der in der Lebensweisheit bewandert ist; der ein Leben frei von Anhänglichkeit an weltliche Dinge führt; Wandermönch. Der Begriff besteht aus den zwei Wörtern für „Sonne" und „Wissen", was zum Ausdruck bringen soll: einer, der wie die Sonne leidenschaftslos auf Gutes und Böses schaut.

Hojoki: ein Bericht des Einsiedlers Kamo no Chomei über sein Leben.

Honen-in: ein vom heiligen Honen (1133–1212) gegründeter buddhistischer Tempel.

ichigo-ichie: ein Ereignis, das unwiederholbar ist; wörtlich: „eine Zeit – ein Zusammensein".

Ikenobo Sen'o: buddhistischer Priester zu Anfang des 16. Jahrhunderts, der am Rokkaku-Tempel in Kyoto lebte; auch von ihm abgeleiteter Name einer Blumensteck-Schule.

Ikkyu Sojun (1394–1481): zen-buddhistischer Mönch am Daitokuji-Tempel in Kyoto, dessen Vorfahr ein Verwandter der kaiserlichen Familie war.

inja: Mensch, der fern der Gesellschaft lebt; ein Eremit

Kamakura-Herrschaft: Shogun-Regierung in Kamakura von 1185 bis 1333.

kami: Gottheiten der Shinto-Religion

Kamo no Chomei (1153–1216): Dichter und Schriftsteller, dessen Vater Shinto-Priester am Kamigano-Heiligtum in Kyoto war.

Kundaikan so choki: Inventarverzeichnis der Kunstwerke und Zeremonien des Ashikaga Yoshimasa.

Manyoshu: im 8. Jahrhundert zusammengestellte Anthologie alter japanischer Gedichte.

Matsuo Basho (1644–1694): Samurai, der buddhistischer Laienpriester und dadurch zum Dichter wurde; berühmt für seine 17silbigen *haiku*-Gedichte.

Minamoto Sanetomo (1192–1219): Shogun des Shogunats von Kamakura; 27jährig von seinem Neffen ermordet.

mono-no-aware: ständiger Wandel aller existierenden Dinge; wörtlich bedeuten *mono* „Dinge im allgemeinen“, *aware* „dem Leiden unterworfen“, und *no* ist ein Genetivpartikel.

Murata Shuko (1422–1502): buddhistischer Priester, der den *wabi*-Stil des Chanoyu erfand.

nageire: ein Blumensteck-Stil

nejime: könnte man frei übersetzen mit „Grundanordnung“. Jener Teil des Blumengestecks, der die Grundlage, den Unterbau bildet; aus den beiden Wörtern für „Wurzel“ oder „Basis“ und „schnüren, zurren“ zusammengesetzt.

Noami (1397–1471): ein *dobo* der Ashikaga-Familie, der in Kunst und Poesie hervorragend war.

rikka: der älteste Stil des Blumengestecks; wörtlich: „aufrechte oder stehende Blume".
Rinzai-Zen Buddhismus: die von Rinzai in China begründete Richtung („Schule") des Zen-Buddhismus.
Rokkaku-do: buddhistischer Tempel in Kyoto, an dem der Priester Ikenobo lebte; einmalig in seiner Struktur, da er sechs Seiten hat; daher der Name „Rokkaku".

Saigyo (1118–1190): Samurai, dessen eigentlicher Name Sato Norikiyo war; wurde buddhistischer Wanderpriester, nachdem er erkannt hatte, wie kalt und wankelmütig der Mensch ist.
sakaki: der Baum *Cleyera japonica*, der in der Shinto-Religion als heilig gilt.
seika: ein Stil des Blumensteckens
Sengai (1750–1837): zen-buddhistischer Mönch, der bekannt ist für seine witzigen Pinselskizzen und Kurzgedichte, mit denen er Menschlich-Allzumenschliches darstellt.
Sen Rikyu (1522–1591): Gründer der gegenwärtigen Form des Chanoyu.
Senzaki Nyogen (ca. 1879–1958): heimatloser zen-buddhistischer Mönch, der ab 1905 in den USA lebte. Bücher: *Zen Flesh, Zen Bones* (1957), *The Iron Flute* (1961), beide erschienen bei Charles E. Tuttle Co.; auch *Buddhism and Zen* (Philosophical Library, N.Y. 1953).
seppuku: Form des ritualisierten Selbstmords, indem man sich den Unterleib aufschlitzt; zur Feudalzeit Japans eine ehrenvolle Methode, seinem Leben ein Ende zu setzen.
Sesshu (1420–1506): Künstler; trat als Jugendlicher in ein Zen-Kloster ein und entwickelte einen neuen Stil monochromer Malerei, wozu er schwarze Tinte und Pinsel im chinesischen Stil verwendete.

Shakyamuni: auch als Buddha oder Gautama Siddharta bekannt; im 4. Jh. v. Chr. in Indien lebender religiöser Philosoph, Begründer des Buddhismus.

shin, gyo, so: Bezeichnungen zur Klassifizierung von Kunstgegenständen und Zeremonialstilen. In gewisser Hinsicht entsprechen sie den westlichen Begriffen des Formalen, Halbformalen und Zwanglosen. Ursprünglich entstand diese Einteilung für den Kalligraphie-Stil mit Pinsel und Tinte. Der formalste und damit starrste Stil ist *shin.* Die *so*-Schreibweise wird auch als „grasig" oder „kursiv" bezeichnet und ist eine ganz frei fließende Form. Der *gyo*-Stil liegt zwischen den beiden.

Shinkei (1399–1475): Dichter, der den zeitgenössischen esoterischen Buddhismus studierte; verbrachte sein Leben damit, die in der „verwelkten und kalten" Poesie verborgene Wahrheit zu suchen.

Shinto: alte japanische Religion; wörtlich „der Weg der Götter", ein Glaube an das Innewohnen von Gottheiten in allen Dingen und mit ausgeprägter Ahnenverehrung.

shoin Chanoyu: in einem großen Raum veranstaltete Chanoyu-Feier

shoji: Tür und Fensterscheiben aus transparentem Papier

Silberner Pavillon: Ashikaga Yoshimasas „Anbetungstempel" auf seinem Landsitz in Kyoto

Sogi (1421–1502): Dichter, der die sogenannte Kettendichtung *(renga)* über ganz Japan verbreitete.

Takeno Jo-o (1504–1555): studierte das Chanoyu unter Murata Shuko und lehrte diese Kunst später den Sen Rikyu; sein Vater war ein Samurai, der im Onin-Krieg getötet wurde.

Tanabata-Fest: Fest, das auf die chinesische Legende von der Milchstraße zurückgeht und am 7. Abend des 7. Monats begangen wird.

tatami: Bodenbedeckung, die angefertigt wird, indem man eine

5 cm dicke Strohdecke zusammennäht und mit Binsenmatten *(Juncus effusus)* belegt; eine solche *tatami* ist ungefähr 1 bis 2 m breit.

tokonoma: eine ungefähr 1.80 m breite, 2 m hohe und 90 cm tiefe Nische in der Zimmerwand, in der man Schriftrollen aufhängen sowie Blumengestecke und Kunstgegenstände aufstellen kann; wird auf ähnliche Weise wie der Altar in einem Tempel als heilig betrachtet.

Toyotomi Hideyoshi (1536–1598): General aus einfachen Verhältnissen, der zum Großkanzler und obersten Feldherrn aufstieg; maßgeblich für die Vereinigung Japans unter einer einzigen Regierung; war ein Chanoyu-Liebhaber und erlernte die Kunst von Sen Rikyu, befahl schließlich aber Rikyu den Selbstmord durch *seppuku*, vermutlich infolge einiger durch seine Vasallen verursachte Mißverständnisse.

wabi: zurückgezogene Lebensweise, dank derer man die Schönheit schlichter Dinge schätzen lernt.

***wabi*-Eremitagen-Chanoyu:** die Kunst, sich des Chanoyu in einer rustikalen strohgedeckten Bauernhütte zu erfreuen; begründet von Murata Shuko und auf der Philosophie des Zen-Buddhismus beruhend.

wa, kei, sei, jaku: Harmonie, Ehrfurcht, Reinheit, Stille; laut Sen Rikyu die vier unantastbaren Grundsätze für das Chanoyu.

Yoshida Kenko (1282–1350): Dichter und Essayist; war in seiner Jugend Samurai. Sein bekanntestes Buch ist *Tsurezuregusa;* das in verschiedene Sprachen übersetzt worden ist. Auf deutsch sind erschienen: *Betrachtungen aus der Stille,* Frankfurt 1978, und *Draußen in der Stille,* Berlin 1993.